アウトドア クッキング
220メニュー

太田 潤 著

いただきます！

012 OUTDOOR
アウトドアクッキング 220 メニュー

目次 CONTENTS

1章 フタ付きBBQグリル・メニュー

アホ焼きシリーズ

34 タマネギの丸焼き

34 ナスの丸焼き

35 長ネギの棒焼き

35 トマトのバジル丸焼き

36 長芋の棒焼き

36 シイタケの裏焼き

36 ピーマンのパー焼き

24 サケとイカのチャンチャン焼き

26 カキのトマトチーズ焼き

28 ポテトアンナチリ

30 春巻き皮のパリパリピザ

32 厚揚げとチーズのオリーブオイル焼き

14 ちょっと和風なシュハスコ

16 鉄板焼きハンバーグ

18 竹焼きつくね

20 ブロック牛肉のバーボンマリネ

22 マスタードしょう油焼きソーセージ

23 カツオの土佐づくり

2

2章 鉄板焼き・アミ焼きBBQ

61 ハーブが爽やかな
ラムロースト

54 鶏もも肉の
網焼き

44 簡単さに感嘆！
味噌漬け牛肉を焼く

38 炭火炙りの
お茶ーシュー

62 自家製タレが旨い
ジンギスカン

56 手羽中を
照り焼きにする

46 炭焼き仕立ての
スペアリブ

40 基本の炭火焼き
ビーフ・ステーキ

64 味噌焼きの
カキ

57 ピリッと辛い
焼き鳥

48 自家製のタレで焼く
旨い骨付きカルビ

42 ガーリックステーキ
マスタード添え

66 殻付きカキの
パセリバター焼き

58 さて？サテは
アジアの焼き鳥です

50 パキュと炭火で
焼くソーセージ

43 オニオンソースの
素敵なステーキ

68 殻付きホタテの
バター焼き

59 タンドリーチキン
だってば！手羽？

52 豚肉の
しょうが焼き

43 サッパリでも濃厚な
チーズ焼きステーキ

69 ホタテの
ネギみそ焼き

60 マリネチキンを
炭焼きにする

53 手羽中の
塩焼き

アウトドアクッキング **220**メニュー

3章 ダッチオーブン料理

 92 照り焼きソース	 87 新鮮な刺身を焼く	78 マグロのつけ焼き	 70 旨いサザエのつぼ焼
92 ミントソース	 88 水煮竹の子のつけ焼き	80 タラの梅シソ包み焼き	71 屋台風味の照り焼きイカ
92 マリネソース	 90 照り焼きソースが旨い野菜焼き	 81 梅風味が美味い!サバの味噌つけ焼き	72 イカの鉄砲焼き
92 チリソース	**おすすめ!** **BBQタレ&ソース**  91 基本のしょう油タレ	82 炭火でサンマを焼く	 74 洋風ネギ油仕立ての有頭エビの塩殻焼き
92 インド風ソース	 91 味噌ダレ	 84 バルサミコ風味のイサキとメバルのオイル焼き	 76 エビの塩殻焼き
 92 サンバルソース	 91 ピリ辛ダレ	 86 炭火のブリ照り焼き	 77 アルミホイルで包み焼くタルタルソース味のサケ

4

ひとりで、ふたりで ワンバーナー「手軽&シンプル」クッキング

- 124 もずくのジューシー（雑炊）
- 126 エビのガーリック炒め 
- 127 紫蘇サラダうどん 
- 128 ポテトチップス入りインスタント味噌汁トン汁もどき 
- 117 ガイ・ヤーン 
- 118 ポテトのオムレツ 
- 120 ポテトチップスのベーコン炒め 
- 122 うまいベーコンエッグ 
- 116

106 しょう油味のからあげ鶏

108 骨付き鶏のフルーツ煮

110 鶏の丸焼き

112 塩釜で焼きタイ

牛タンの塩釜

114 カブのほっこりグラタン

115 フタこぶキャベツ

94 塩釜焼きのミートローフ

97 トロピカルな豚バラの角煮

98 スペアリブのパプリカ煮

100 スペアリブのトマトワイン煮

102 ハーブが香るローストポーク

104 豚バラと白菜の重ね蒸し

アウトドアクッキング **220**メニュー

4章 フライパン料理

154 ヒラヤーチー（沖縄風お好み焼き）

156 トロ〜リ伸びるお餅のピザです

158 和風タコスはお好みスタイル

148 ニンニクが香るアサリの酒蒸し

150 シーフードカレー

152 ポテトのドライカレー

139 ポーク・チリビーンズ

140 豚肉のトマト煮込み

142 おでん風豚すき焼き

144 イタリアンな焼き鳥

145 爽やかハーブが香るササミのはさみ焼き

146 爽やかな串焼きラム

131 肴になる肉味噌

132 アップルソースのポークソテー

134 柔らかい豚ヒレ肉のマスタード焼き

136 揚げないトンカツ

137 昆布茶で煮る豚のバラ肉

138 豚肉のうめぇ〜味噌煮

130 ネギ風味の蒸し肉

5章 鍋料理

176 サケとキノコの秋味鍋

168 ベーコンポトフ

160 ビーフジャーキーで煮込む 野菜スープ

178 カキのトロ餅チャウダー

169 鶏モツの甘露煮

162 牛肉のビール煮

180 ラタトゥユ

170 キノコがたくさん 鶏だんごナベ

163 ラーメン屋の太肉

182 カボチャのほうとう

172 フルーティーで旨いラムシチュー

164 薄切り豚のダイコン鍋

184 すいとんの術

174 アサリの豆乳チャウダー

166 キムチの山海鍋

アウトドアクッキング **220** メニュー

6章 カンタン燻製

216 しっとり小エビくん

208 マスの燻製

199 合鴨ブロックの燻製

190 ひき肉スティック

218 しっとり小エビくんのオムレツ

210 タラの薫り焼き

200 鶏もも肉の薫り焼き

192 ひき肉スティックの薫るチャーハン

220 カキの燻製

211 黄金のシシャモ

202 薫る鶏ももスパゲティ

194 薫るベーコン

222 酢ダコの燻製

212 飴色のめざし

204 おつまみサーモン

195 まったりレバーくん

224 茶色のかまぼこくん

213 やわらかなハマグリの燻製

205 干物の燻し焼き

196 鶏丸のいぶし焼き

186 燻しビーフブロック

225 ちくわの薫り焼き

214 しっとりホタテくん

206 しめサバの燻製

198 鶏ささみの薫り焼き

188 パリッとつまめる豚バラ肉くん

7章 ごはん＆パスタ＆麺

251 鶏もも フルーツカレー

245 桜香るエビごはん

226 燻しシュウマイ

252 ウニ味カルボナーラうどん

246 焼きおにぎりのイタリあんかけ

235 イモけんぴの コーヒー燻

228 奥深〜い旨さの 味噌漬けタマゴくん

253 イカの塩焼きそば

247 バジルとベーコンの雑炊

236 調味料の燻製

しょう油

味噌

塩

オリーブオイル

230 パリッと スモーク餃子

254 辛口の トマトそうめん

248 サフランのリゾット

231 古漬けきゅうり＆ 奈良漬けの燻製

255 ゴルゴンゾーラ チーズのパスタ

249 タコライス

242 鉄板パエリア

燻製の作り方

232 カマンベール チーズの燻製

256 塩辛パスタ 青じそ風味

250 栗ごはん

244 松茸風味の キノコごはん

238

234 プロセスチーズ 2種類の燻製

9

アウトドアクッキング **220**メニュー

9章 スイーツ&デザート&ドリンク

8章 パン&サラダ&スープ

274 トマトとチーズのクイックサラダ

275 中華風のキノコスープ

276 コンソメきのこスープ

277 マメなポパイスープ

278 丸タマネギのスープパスタ

269 小さなパリパリピザ

270 鶏むね肉の炭焼きピリ辛ソースがけ

271 焼きカツオのサラダ

272 ポテトのマリネ

273 旨いもんジャガ

258 熱い犬（カショウホ・ケンチ）

260 ハンバーガー

262 インディアンブレッド

265 おやつのスコーン

268 ナヌと豆カレー

② ①

10

10章 つまみ・酒の肴

302 小麦色の ソーセージ

296 白モツの煮込み

287 リンゴの ワイン蒸し

280 大人の チョコレートケーキ

303

288 ホットバナナ

298 ササミのたらこ チーズはさみ焼き

282 雑な チーズケーキ

チーカマの ふんわりくん ＆ケムケムコーン

290 少しスイート 熱々サツマ芋

292 焼き芋

284 そば粉の 鉄板ケーキ

304 甘納豆の燻製

ピスタチオの燻製

300 焼きウニ

301 ベジタブルヤッコ

285 アップルソースの ポテトパンケーキ

306 深い味わい・ アーモンドくん＆ 薫るピーナッツ

アウトドアがうまい！ ドリンク・メニュー
293
①オレンジサンセット
②シャンディー・ガフ
③サングリア
④レッドアイ
⑤コーク・ビア
⑥チャイにしてくだちゃい

286 焼きチョコ・ マシュマロ

307 いも餅の みぞれあえ

⑥ 　⑤ 　④ 　③

11

本書の利用法

本書の各ページは、基本的に以下のように構成されています。それぞれの意味や目的を理解し、本書を効率よく使いこなしてください。

❶ 調理時間
調理にかかる時間を示しています。ただし、調理する分量や器具の火力によって変わる場合もあります。あくまでも目安としてください。

❷ アイコン
火力調節や使用する調理器具について、わかりやすく図示しました。

 それぞれの調理中に調節すべき火力を示しています。

 1章と2章では、調理に適するバーベキュー道具を紹介しています。

 6章では、調理に適する燻煙道具、燻煙材の種類や分量などを紹介しています。

 3章では、ダッチオーブンのプレヒート(予熱)の温度を紹介しています (P93参照)。

❸ 材料
基本的に、調理に使う順番で食材などを紹介しています。
- 大さじは15mℓ、小さじは5mℓ、それぞれ計量スプーンすり切りで計っています。
- 小麦粉やスモークチップなどの「1カップ」という表示は、200mℓの液体が入る容器1杯分に相当します。
- 野菜は洗ってから調理してください。

❹ 調理のポイントや注意点
おいしく料理するコツ、調理上の注意点などをまとめました。章によって「焼き方のコツ」、「おいしさのコツ」、「スモークのコツ」などがあります。

❺ 手順・作り方
写真と文章を対応させて、調理方法と手順を紹介しています。
- 包丁や火器の取り扱いには、充分に注意してください。

❻ ワンポイント
本文で紹介できなかったアレンジ方法や調理のひと工夫などを紹介しています。

アウトドアクッキング 220メニュー

火を囲んで「話す・作る・食べる」焚き火カフェへようこそ

308 アウトドア流 おいしいコーヒーの淹れ方

310 アボカドとバジル・エッグのホットサンド

312 バナナとクリームチーズのホットサンド

314 アンチョビと香るポテトのブルスケッタ

315 簡単に作る温泉卵

316 しらすの焼きおにぎり

308

12

1章 フタ付きBBQグリル・メニュー

フタをすることで加熱効果があがり、調理のバリエーションも広がるフタ付きBBQ（バーベキュー）グリル。その機能を活かせる18のメニューを紹介。

ちょっと和風な**シュハスコ**

材料(4人分)

<モウリョの材料>
- トマト ……………… 2個
- タマネギ …………… 1個
- ピーマン …………… 2個
- ワインビネガー …… 80ml
- オリーブオイル …… 50ml
- ポン酢 ………… 大さじ1
- 牛肉ブロック ……1kg程度
- 天然塩………………適量

巷ではシュラスコと呼ばれることが多いようだが、ブラジルではシュハスコと発音するらしい。塩をもみ込んだ牛肉を強火で焼き、削ぎ落として食べる原始的な調理だが肉の旨味が際立っている。このブラジル焼き肉には岩塩が断然おススメ。

BBQ道具:  アミ 鉄板

調理時間:  30分 ※焼き時間は好みで

① 肉にかける野菜ソース「モウリョ」を作る

<モウリョの材料>の野菜をすべて細かく切り適当な器に入れる。そこにワインビネガーとオリーブオイル、ポン酢(これがポイント)を入れてなじませる。ワインビネガーとオリーブオイルの量は好みで加減してOK！

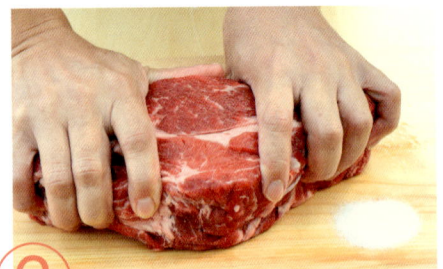

② 肉に天然塩をなじませる

塩は必ず天然塩を使ってほしいが、岩塩を砕いて使えば最高においしくなる。少し多いかな？　と思うくらいの量で大丈夫。

③ 金串を数本、左右から斜めに

金串を打ち込んだら強火で焼く。焼けたところをお皿に切り落とし、モウリョをかけて食べよう。

④ 濃い塩水をぬりながら焼く

外側が焼け、切り落とした肉の内部には塩が入っていないので、10％の塩水をハケで塗りながら焼く。

ワンポイント　天然塩はできるだけ岩塩を使う。ミネラルが豊富なのでひと味違ってくる。

フタ付きBBQグリル・メニュー

1章

焼き方のコツ
大きなブロック肉には串を数本斜めに打つと肉が扱いやすくなる（完成写真参照）

鉄板焼きハンバーグ

家庭料理の定番とも言える存在だが、この料理の生い立ちはアウトドア。旅人料理から始まっている。紹介するレシピは子どもにも喜ばれる味つけだが、大人用ソースには黒コショウをたっぷり振り込んで刺激を加えることをススメル。

材料(4人分)

●タマネギ	1/2個
●セロリ	1/2本
●ニンニク	2片
●パセリ	1枝
●豚ひき肉	500g
●パン粉	1カップまたは食パン1枚
●卵	1個
●塩	小さじ1
●コショウ	適量
●ナツメグ	適量
●サラダ油	適量

＜ソースの材料＞

●ケチャップ	大さじ4
●ウスターソース	大さじ4

BBQ道具：アミ／鉄板

調理時間 40分

焼き方のコツ
中まで火を通すのが難しいハンバーグだが、フタを活用して弱火を保ちじっくり焼けば大丈夫！

① 材料を合わせて成形

❶タマネギ、セロリ、ニンニクはすりおろし、パセリはハサミを使ってみじん切り。これらを器に入れて、ひき肉とパン粉、卵、塩、コショウ、ナツメグを加えて粘りが出るまでまぜ合わせる。10分ほどおいてなじませよう。

❷材料を4等分にして小判型に成形したら、まな板に軽く叩きつけて内部の空気を抜く。再び形を整えたら中央部を少し凹ませておこう（写真参照）。

フタ付きBBQグリル・メニュー

1章

③ 肉汁でソースを完成

焼けたハンバーグを取り出したら、鉄板に残った肉汁に、<ソースの材料>を加えて少し煮つめれば完成。ハンバーグにかけて召し上がれ。

② フタをして火を通す

弱火

鉄板にサラダ油を塗り加熱したらハンバーグを置く。ほどよい焼き色がついたら裏返し、フタをして弱火で完全に火を通す。串を中心まで刺して、透明な肉汁が出れば焼けた合図。

ワンポイント　パン粉に代えて食パンを使う場合は細かくちぎって使おう。

竹焼きつくね

居酒屋さんや焼き鳥屋さんの人気メニューを野外に持ち出し、竹筒を台にして焼いた。竹の香りがほどよい風味になり、野趣溢れる料理になっている。少々手間はかかるが、大人キャンプには是非ともおススメしたい一品だ。

 BBQ道具 炭火

 調理時間 **45分** ※焼き時間20分程度

材料（4人分）

- 鶏ひき肉 ………… 400g
- 卵 ………………… 1個
- 片栗粉 …………… 大さじ1
- しょう油 ………… 大さじ1
- タマネギのみじん切り … 1/2個
- 青じそのみじん切り …… 2枚分
- ショウガみじん切り … 大さじ1

＜タレの材料＞
- だし汁 …………… 100mℓ
- 日本酒 …………… 大さじ1
- しょう油 ………… 小さじ2
- 片栗粉 …………… 小さじ2

焼き方のコツ

紹介する調理方法では、上面に焼き色はつかない。仕上げにトーチバーナーで炙って焼き色をつけよう

フタ付きBBQグリル・メニュー

1章

② 適当な器に材料を合わせる

＜タレの材料＞以外をすべて合わせたら、粘りが出るまでよくまぜ、10分ほど置いてなじませる。

① なるべく新鮮な竹筒を用意しよう！

直径10cm程度の竹を、節が上下に2箇所残るようにカットしてから、ふたつに縦割りにする。※竹を切る際は地主の許可を得ること

③ なじませた材料を竹船にのせる

新鮮な竹からは油分が出るので、油は不要だ。材料は竹船の8分目程度の量をのせるのが目安。

④ アルミホイルでフタをしてから焼く

弱火

火力にもよるが、20分ほどの焼き時間が目安。よい香りがしてきたら串を刺して確認。出てくる肉汁が透明になったら焼きあがりだ。

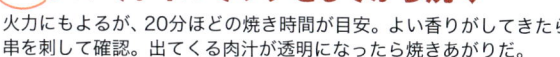

⑤ 焼いている間にタレを作ろう

＜タレの材料＞をフライパンなどでひと煮たちさせたら完成だ。焼けたつくねに塗って食べよう。

ブロック牛肉の バーボンマリネ

調理時間 **40分** ※焼き時間は好みで

BBQ道具 アミ / 鉄板

簡単な焼き肉だが、焼くときや食べながらもバーボンの芳醇な香りが広がるのどかでワイルドな焼き肉になった。ウイスキーでも代用可能だが、やはり少し甘めの香りはバーボンが一番だと思う。

フタ付きBBQグリル・メニュー

1 肉の表面全体に塩、コショウをたっぷり振る

食べるときに好みの塩加減にしてもよいが、基本的に味つけはココだけなので、少し多めに塩、コショウしても大丈夫だ。岩塩などの天然塩を使うことを強くススメル。

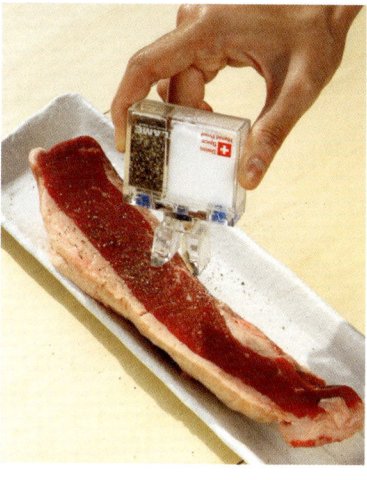

2 バーボンに肉を漬け込もう

密閉できる袋に塩、コショウした肉を入れたらバーボンを加える。空気をなるべく抜いた状態で30分ほど涼しいところ（クーラーボックスなど）に置く。

材料（4人分）
- 牛バラ肉ブロック……500g
- 岩塩……………………適量
- 白コショウ……………適量
- バーボン…………… 50mℓ

焼き方のコツ
脂分の多い肉を焼くと脂が落ちる。この脂があげる煙によって旨味がアップする効果を活用しよう

3 肉を焼きやすい厚さに切り分けてから焼く

最初は強火、裏返して弱火に移動。好みの焼き加減になったら、食べやすく薄切りにして完成。各自で味つけしながら食べよう。下戸の人や子ども同伴の場合は、長時間焼く必要がある。

強火 → 弱火

ワンポイント やや風味が変わるがフライパンでも調理可能。

マスタードしょう油焼きソーセージ

① 熱した鉄板でソーセージを焼こう

手早くソーセージを動かしながら、均等に加熱するように焼こう。

② ほどよくコゲ目がついたらタレを塗る

色よく焼けたら<タレの材料>を合わせて塗る。しょう油の香りが焼きあがりの合図。ちぎったキャベツに包んで食べよう。

バーベキューには欠かせないソーセージ。網焼きも旨いがここではマスタードしょう油に絡め、キャベツに包んで食べる方法を紹介する。不足しがちな野菜を食べよう！

BBQ道具：アミ／鉄板

調理時間 15分 ※焼き時間10分

材料（4人分）
- 市販のウインナーソーセージ……適量
- キャベツ……………………………適量

＜タレの材料＞
- マスタード………… 小さじ2
- しょう油 ………… 大さじ1

焼き方のコツ
油は使わずソーセージから出る油で焼く。タレの塗りすぎに注意！

22

フタ付きBBQグリル・メニュー

カツオの土佐づくり

焼き方のコツ
新聞紙2枚を充分濡らし、強火で短時間に表面付近だけを焼くのがコツ

高知県の伝統的カツオ料理が、新聞紙と炭火だけで簡単に完成する。材料表にはポン酢と書いたが、レモンやユズなど2種類の柑橘類（かんきつ）としょう油で食べても格別の味になる。

② 必ず強火に直置きしてカツオを焼く
カツオの位置をときどき変えながら焼き、新聞紙全体が黒くコゲれば焼きあがりの合図。弱火ではタタキにならない。

① 2枚の濡れ新聞で包もう
これでカツオにちょうどよい具合に火が入る。ここで万能ネギは小口切り、青ジソとミョウガは短冊切りに。ほかにも好みの薬味があれば切っておこう。

BBQ道具: 炭火
調理時間: 15分 ※焼き時間10分

③ コゲた新聞紙からカツオを取り出す
冷水につけると余熱が入るのを防ぎ、カツオもキレイになる。食べやすく切り分けて薬味とポン酢などで食べよう。

材料（4人分）
- たたき用に切ったカツオ……2冊（さく）
- 万能ネギ……………………適量
- 青ジソ………………………適量
- ミョウガ……………………適量
- ポン酢………………………適量

23

サケとイカのチャンチャン焼き

調理時間 **25分**
※焼き時間20分

BBQ道具
鉄板
アミ

とてもポピュラーになった北海道の秋味。味噌ダレに少量のイカワタをまぜることで、味に深みとまろやかさを出したチャンチャン焼きのニューバージョンを紹介する。イカワタが嫌いな人にも是非試してほしい旨さを保証する！

弱火

1 材料を食べやすく切って焼き始める

イカのワタを抜いて食べやすく切る（イカワタは捨てない）。鉄板にオリーブオイルを熱したら、サケの皮面を下にして置き、まわりに食べやすく切り分けた野菜とイカを置いて焼き始める（火の通りにくい材料から）。

焼き方のコツ
厚手の鉄板を弱火にかけてジックリ焼こう。ここでもフタ付きグリルが活躍してくれるハズだ

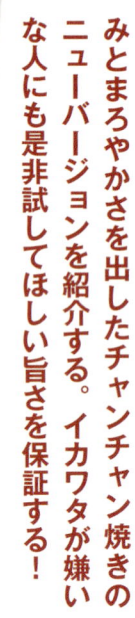

材料（4人分）
- イカ ………… 2枚
- オリーブオイル ………… 適量
- 生サケ ………… 半身1枚
- タマネギ ………… 2個
- ニンジン ………… 1本
- ジャガイモ ………… 2〜3個
- キャベツ ………… 1/2個

<味噌ダレの材料>
- おろしニンニク ………… 2片分（チューブ入りなら5〜6cm程度）
- 万能ネギ ………… 1/2束
- イカワタ ………… 大さじ1
- 日本酒 ………… 大さじ4
- 砂糖 ………… 大さじ2
- 味噌 ………… 200ml

ワンポイント 野菜は材料表以外でも好みのモノを使ってかまわないし、すべて揃っていなくても問題ない。自由に気楽に焼いて楽しもう。完成写真のように表面を軽く炙ってもおいしい。

フタ付きBBQグリル・メニュー

③ サケの色が変わったら味噌ダレを

サケに火が通ってからタレを塗るとコゲつきが少ない。焼けている野菜などはタレに絡めて食べよう。味噌の香ばしい香りがしてきたら、サケも崩しながら野菜とともに食べる。

② この間に味噌ダレを作ろう

グリルにフタをかぶせてしばらく焼こう。この間に＜味噌ダレの材料＞をすべて合わせ（万能ネギは小口切り）、味噌ダレを作る。

カキの
トマトチーズ焼き

この料理には加熱用カキを使ってほしい。加熱用カキは生食用よりも味が濃いのでオススメだ。なお、加熱用は生食用より古い訳ではないので安心して大丈夫！味つけ無用のお気楽カキ料理は、野外料理未経験者でも絶対に失敗しない。

調理時間 20分
※焼き時間15分

焼き方のコツ

使用するフライパンのハンドルは必ず外してから焼こう。また仕上げに表面をトーチバーナーで炙り、焼き色をつければ完璧だろう。

材料（4人分）

- タマネギ（大）……………… 1個
- カキ… 1パック（200g程度）
- オリーブオイル……………… 適量
- トマトソース缶詰……… 約250g
- ピザ用チーズ………… 約200g
- パセリ………………………… 適量

BBQ道具

鉄板

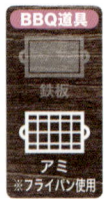
アミ
※フライパン使用

① 薄切りタマネギとカキを敷く

ふたつ割りにして半月形に薄切りにしたタマネギを敷いたら、カキを重ねないように置く。タマネギは材料表より増やしても大丈夫。カキが少ないときには是非タマネギ増量を！

26

フタ付きBBQグリル・メニュー

1章

③ チーズがとけたら完成！
中火のグリルにフタをして焼こう。仕上げに刻みパセリで彩り、トーチバーナーで焼き色をつければ完璧だ。

② オリーブオイルをかけよう
全体にオリーブオイルをタップリかける。さらに、カキの上に缶詰のトマトソースをかけたら、ピザ用チーズをのせて準備完了だ。

ポテトアンナチリ

ヨーロッパの家庭用オーブン料理を野外に持ち出したが、フタ付きグリルを使えば簡単に調理できる。材料のチリペッパーは一味唐辛子とは違う。スーパーマーケットで簡単に購入できるから、必ずチリペッパーを使って作ろう。

調理時間 25分
※焼き時間15分

BBQ道具
鉄板
アミ
※フライパン使用

材料（4人分）

- ジャガイモ …………… 4個
- バター ………………… 60g
- 牛ひき肉（豚ひき肉代用可）
  ………………………… 200g
- 塩、コショウ ………… 適量
- ナツメグ ……………… 適量
- ローリエ ……………… 8枚
- チリペッパー ……… 小さじ1/2

① ジャガイモを水にさらす

ジャガイモは皮をむき、2〜3mmの厚さに切ったら水にさらしておこう。

② フライパンにバターを置こう

バターはとけて全体にまわるように並べよう。

焼き方のコツ

材料のジャガイモに火が通りやすいように切ることが肝心。なるべく薄く切って焼き時間を短くしよう

③ ひき肉に味をつける

牛ひき肉に塩、コショウとナツメグを振ったら、全体に味がなじむように少し練っておこう。

28

フタ付きBBQグリル・メニュー

弱火

5 必ずハンドルを外そう

ジャガイモに塩、コショウを振り、適当な間隔でローリエをはさむ。全体にチリペッパーを振ったら、フタをして弱火のグリルで焼く。

4 フライパンに材料をセット

フライパンの中央に練った牛ひき肉を置き、周囲に水気を切ったジャガイモを少しずつ重ねて並べる。

29 **ワンポイント** ▶ 完成写真のように、表面をトーチバーナーで軽く炙っても旨い。

春巻き皮の パリパリピザ

材料（4人分）
- タマネギのみじん切り……適量
- サラミソーセージの薄切り…適量
- ピーマンのみじん切り……適量
- フレッシュバジルの葉……適量
- オリーブオイル…………適量
- 春巻きの皮………………適量
- 市販のピザソース………適量
- マヨネーズ………………適量
- ピザ用チーズ……………適量

※ほかにミニトマト、シーチキン、アンチョビ、コーン、ウインナーなど好みで適量を用意。すべて細かくしておく。

 BBQ道具 アミ／鉄板

 調理時間 15分 ※焼き時間5分

ピザ生地を春巻きの皮に代えて、少し大きめのピザ風仕立てにしている。材料の切り分けさえ終われば、まかない担当の仕事も終わり。子ども連れのキャンプに最適な簡易ピザモドキだと思っている。

フタ付きBBQグリル・メニュー

1章

① まずは好みの材料を細かく切っておこう

好みのトッピング材料を準備したら、すべて細かく切り分けて写真のように置くと調理が簡単になる。

② フライパンでも調理可能

鉄板（フライパン）にアルミホイルを敷いたら、薄くオリーブオイルを塗る。そこに春巻きの皮2枚を重ねてのせたら、ピザソースとマヨネーズを塗る。

③ トッピングしたらオリーブオイル

マヨネーズとピザソースの割合は半々が味に変化が出て楽しいが、すべてピザソースやマヨネーズでもよい。好みで塗ったら具材をのせて、オリーブオイルをかけよう。

焼き方のコツ
ピザ生地にしては薄すぎる春巻きの皮だが、2枚重ねて使うことでちょうどよい食感になる

中火

④ ピザチーズをのせて焼く

最後にピザチーズをのせ、バジルの葉を置く。グリルにのせたらフタをして、中火で5分ほど加熱してチーズがとけたらできあがり。

ワンポイント ▶ おやつピザにするなら、餃子の皮もおススメだ。

厚揚げとチーズのオリーブオイル焼き

① 厚揚げを半分に切ってから

三角に切った厚揚げの切り口に、写真のような切り込みを入れておこう。

② ピザ用チーズをドッサリと

ナイフであけた切り込みに、ピザ用チーズを詰め込んでおく。

かつて日本に住んだイタリア人が、モッツァレラチーズの代用として豆腐を使ったほど、チーズと豆腐は似ている。工作感覚のナイフ使いで調理できる「お手軽料理」だが、相性のよい食材同士ならではのおいしさが期待できる。

材料（4人分）
- 厚揚げ……………………2丁
- ピザ用チーズ……………適量
- オリーブオイル………大さじ4
- しょう油…………………適量

調理時間 10分 ※焼き時間5分

32

フタ付きBBQグリル・メニュー

③ オリーブオイルを加熱

充分にオリーブオイルが熱くなったら、チーズをはさんだ厚揚げの片面を焼く。

④ 弱火にしてチーズをとかす

厚揚げを裏返したらグリルにフタをして、チーズがとけるまで焼く。仕上げにしょう油をたらして！

焼き方のコツ
本当に最後の最後、チーズがとけてきてからしょう油をたらして風味をつけよう

ワンポイント　チーズに加えて好みのフレッシュハーブや青ジソを加えると、味に深みが出て箸休めにもなる。

超簡単でうまい！アホ焼きシリーズ

このシンプルな「アホ焼き」こそが究極のアウトドア料理だ。想像を超える味覚・食感に驚くだろう。

タマネギの丸焼き

1 水に浸けて湿らせておこう
後で振る塩の付着をよくするために、水に浸けてから始めよう。

2 クローブと塩で風味を
タマネギにナイフで切れ目を入れ、クローブ（ホール）を突き刺し、タップリ塩を塗りつけたらアルミホイルで包もう。

全体がアメ色になるまでジックリ焼くのが理想的。ナイフを入れないタマネギ本来の甘みがわかる。

材料（4人分）
- タマネギ……1個
- クローブ……5〜6粒
- 塩……適量

調理時間 45分 ※焼き時間40分

【弱火】

3 炭のおき火に入れて焼く
おき火に直に置いて40分ほど焼いたら、手袋をして触る。柔らかさを感じたら焼きあがりの合図。皮をむいて一枚ずつ食べよう。

焼き方のコツ
ときどき位置を変えながら、アメ色になるまでジックリ焼く

ナスの丸焼き

居酒屋でもおなじみの焼きナスだ。野外では、辛子しょう油が旨い。

焼き方のコツ
最初にヘタの所にナイフで切り込みを入れておくと皮がむきやすい

1 ナスを丸焼きにする
ナスを洗って水気を拭いたら、炭火で（直置き可）焼く。皮をコガすつもりで焼いてかまわない。皮が黒く焼けて少し冷ましてから、手に水をつけながら、皮をむいて食べよう。

【強火】

材料（4人分）
- ナス……4個
- しょう油……適量
- 練りからし……適量
※おろしショウガもおすすめ。

BBQ道具 アミ

調理時間 15分 ※焼き時間7〜8分

34

フタ付きBBQグリル・メニュー

長ネギの棒焼き

長ネギは切り口から辛味を出すので、切らずに焼けば甘みの強いネギが焼ける。

調理時間 10分 ※焼き時間10分

BBQ道具 アミ

① 弱火で網焼きにする
泥を落としたネギをそのまま網焼きにする（包丁は使わない）。表皮もつけたままでOK。皮が黒くコゲたら焼き完了。

焼き方のコツ
弱火でジックリ焼き、切り分けは焼いた後で！

② コゲた皮をむいてから切り分ける
コゲた皮をむいたら好みの調味料を塗り、再度軽く炙って食べると最高に旨い。

材料（4人分）
- 長ネギ……4本
- しょう油……適量
※味噌や塩もおすすめ。

トマトのバジル丸焼き

調理方法はワイルドでも、味はお洒落なイタリアンそのモノ！ モテ料理の筆頭だ。

調理時間 15分 ※焼き時間10分

材料（4人分）
- トマト……4個
- 塩……適量
- バジル（粉末）……適量

① アルミホイルでトマトを包む
トマトを洗ったらヘタの部分を少し切る。その切り口に塩とバジルを振ったらアルミホイルで包もう。

② 弱火に直置きして焼く
アルミホイルで包んだら、弱火の炭のおき火に直置きして焼くだけ。甘い香りがたったら焼けた合図だ。

焼き方のコツ
塩は薄目にして食べるときに塩を振ろう。とても熱いのでやけどに注意！

ピーマンのパー焼き

一見不精に見えるが、切ったピーマンとは違った旨さを実感してほしい。

① 軽くコゲ目がつくまで焼く

焼きアミを充分に熱したら、ピーマンを丸ごとのせる。強めの中火が好ましい。転がしながら焼き、所々コゲてきたら焼きあがりだ。しょう油をかけて食べよう。

BBQ道具：アミ
調理時間：3分 ※焼き時間3分
火力：中火

材料（4人分）
- ピーマン……適量
- しょう油……適量

焼き方のコツ

フォークや串に刺して炭火にかざしても簡単に焼ける

長芋の棒焼き

焼き方のコツ

長芋の食感を残すように強火で手早く焼こう

長芋の皮をむく必要はない。泥がついていたらキレイに洗ってから調理開始だ。

調理時間：10分 ※焼き時間5分
BBQ道具：アミ
火力：強火

材料（4人分）
- 長芋……1/2本
- わさび……適量
- しょう油……適量

① 丸焼きにして切り分ける

洗って水気を拭いた長芋をアミで焼く。ヒゲが焼け、皮に火が通れば終了だ。少し冷ましてから5mm程度に切り分け、わさびしょう油で食べよう。

シイタケの裏焼き

調理時間：5分 ※焼き時間3〜5分
BBQ道具：アミ
火力：中火

焼き方のコツ

シイタケは傘側だけを焼くこと。裏返すと旨味が落ちてしまうのでご注意を。石づきは後で焼き直して食べるか、だし汁に使う

材料（4人分）
- シイタケ……適量
- しょう油……適量
※塩、レモン、黒コショウもおすすめ。

① 傘を下にして焼く

加熱した焼きアミに、シイタケを写真のようにのせる。軸には火が通らないので再加熱して食べる。

② 水泡が浮いたらOKだ

しばらく焼き、アミ状のヒダに水分が出てくれば焼きあがりの合図。しょう油や塩とレモンをつけて食べる。

2章 鉄板焼き・アミ焼きBBQ

アウトドア料理の定番・バーベキューは、肉や魚、野菜を使った47のレシピを紹介。ソースやタレへのひと工夫も味の決め手になる。

炭火炙りのお茶ーシュー

材料(4人分)
- 豚バラブロック … 450g程度
- ウーロン茶 … 適量

＜タレの材料＞
- しょう油 … 100ml
- みりん … 100ml
- 赤唐辛子(タカノツメ) … 1〜2本

焼き方のコツ
一度煮て加熱してあるので短時間炙り焼き、香りを出す程度でよい。また、煮る場合のお茶はウーロン茶のほかに日本茶や紅茶でもOK

ウーロン茶で煮てから焼くので少し面倒に思うかもしれないが、この手間が余分な脂を落とし肉脂の旨味を引き立ててくれている。タレに漬け込むまでを自宅で仕込んで出かければ、アウトドアでは簡単に焼くだけで熱々が食べられる。

1 ウーロン茶で15分間煮る
中火

鍋に入れた肉が隠れる程度のウーロン茶を注ぎ、火にかける。沸騰してから15分で火から下ろす(450gの場合)。

2 ビニール袋でタレに漬け込む

密閉できるビニール袋に＜タレの材料＞のしょう油とみりん、タネを取って刻んだ赤唐辛子を入れて味見。さらに好みの味に調整しよう。そこへ触れる程度に冷ました肉を漬ける。

BBQ道具: アミ、鉄板

調理時間: 1時間20分 ※焼き時間1〜2分

38

鉄板焼き・アミ焼きBBQ

④ 薄く切って炭火で炙る
ゆで時間を厳守すると柔らかいが、煮すぎると固くなるので注意。食べるときには、漬けダレを絡めて食べよう。

弱火

③ タレに1時間以上漬け込む
タレには1時間以上漬け込むが、材料表の分量なら一晩以上漬けても大丈夫！自宅準備可能だ。

基本の炭火焼きビーフ・ステーキ

高級部位のサーロインを網焼きステーキにする、基本的調理方法を紹介する。アミを使わずに鉄板やフライパンでもおいしく焼けるが、炭焼きステーキの美味さは格別だ。旨い牛脂はスグに火が通るので、焼きすぎにはくれぐれも注意したい。

① コゲつき防止を施す

ほかにも様々な方法があるが、私は酢を焼きアミに塗る方法をススメル。炭火と酢＆ハケはセットなのだ。グリルに強火と弱火の場所を作って焼きアミを加熱。

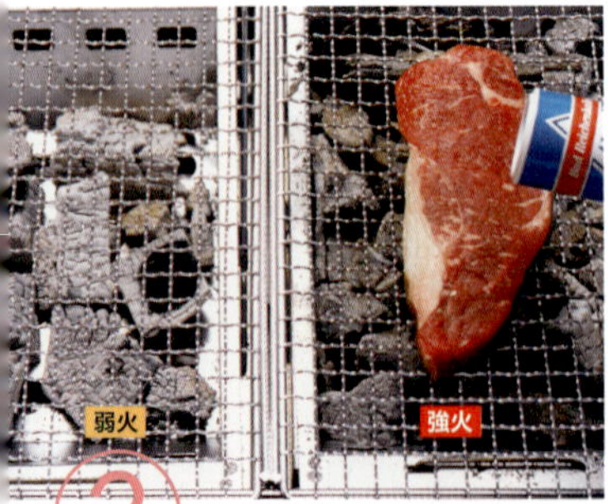

② 焼きながら、塩コショウ

牛肉は事前に塩、コショウすると固くなってしまうので、焼きながら塩、コショウしよう。高い所から均等に振ること。

焼き方のコツ
肉を焼く前にクーラーボックスなどから取り出し、常温に戻すとおいしく焼けるから実行しよう

材料（1人分）
- 牛ステーキ肉……150g
- 塩……………適量
- コショウ………適量

BBQ道具：アミ、鉄板

調理時間 10分 ※焼き時間3〜7分

鉄板焼き・アミ焼きBBQ

④ 仕上げの塩加減をする

好みの焼き加減になり、最初に焼いた面にも塩、コショウをしたら完成。均等に塩、コショウを振ろう。

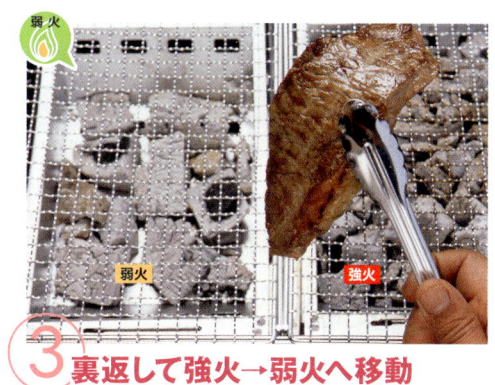

③ 裏返して強火→弱火へ移動

強火で片面に焼き色がついたら裏返し、弱火の場所で好みの焼き加減まで焼き進める。

← 次のページにアレンジメニューあります

ワンポイント 最初に強火で片面を焼くことで肉汁の流失が防げる。必ず強火で片面を焼こう。

ステーキ アレンジメニュー 1

ガーリックステーキ マスタード添え

1 低温から始めよう！

❶ フライパンなどにオリーブオイルを入れ、ニンニクスライスを加えたら弱火でニンニクをきつね色に焼く。
❷ 肉も焼く場合は、ニンニクを取り出してからフライパンの温度を上げ、再度オリーブオイルを加える。

弱火

2 しょう油味もオススメ！

基本はマスタードとレモンだが、しょう油をひとたれ加えても旨い。

BBQ道具: アミ、鉄板 ※フライパン使用

調理時間: 15分 ※焼き時間3〜7分

材料（1人分）
- オリーブオイル……大さじ3
- ニンニク……………3片
- マスタード…………適量
- レモン汁……………適量
- 牛ステーキ肉………150g
- 塩（ステーキ用）……適量
- コショウ（ステーキ用）…適量

ここでは鉄板やフライパンを使ってフライドガーリックの調理方法を紹介するが、ステーキも同時に焼いてかまわない。肉の調理の火力や手順は、炭焼きの調理方法（P40参照）に従う。

焼き方のコツ: フライパンを傾けると、少ない油でニンニクが揚がる

ワンポイント: 前ページの炭焼きステーキに合わせると野趣豊かなステーキになる。フライパンなどで焼く場合は、肉の片面に焼き色をつけたら、一度フライパンに濡れ布巾などをあて、温度を下げると焼きやすい。

42

鉄板焼き・アミ焼きBBQ

ステーキ アレンジメニュー ②

オニオンソースの素敵なステーキ

ステーキ肉は40ページの炭焼きをススメルが、ソースはフライパンが調理しやすい。ニンニクとタマネギを赤ワインで煮込む、深い味わいのソースが旨いステーキ。

焼き方のコツ
バターはコゲやすいので、必ず低温のフライパンで調理開始

BBQ道具: アミ / 鉄板 ※フライパン使用
調理時間: 15分 ※焼き時間3〜7分

材料（1人分）
〈オニオンソースの材料〉
- タマネギ ……… 2個
- ニンニク ……… 1片
- バター ………… 16g
- 赤ワイン …… 200ml
- 砂糖 …………… 3g
- 牛ステーキ肉 … 150g
- 塩（ステーキ用）…… 適量
- コショウ（ステーキ用）…… 適量

① 必ず低温から始めよう

❶ ソース作りから。薄切りにしたタマネギとニンニクを、低温のフライパンでバター炒めにする。さらに赤ワインと砂糖を加えて中火で煮詰めよう。
❷ ソースができたら、焼きあがったステーキにかけて完成だ。

中火

ステーキ アレンジメニュー ③

サッパリでも濃厚なチーズ焼きステーキ

サッパリしたヘルシーさが人気の赤身牛肉。少しモノ足りない味覚をチーズで補ったら、ビックリするほどおいしくなったのだ。

① チーズは仕上げにのせてとかす

❶ 焼きアミに酢を塗り、常温に戻した牛肉を強火で焼きながら塩、コショウする。
❷ 裏返したら弱火で好みの焼き加減にしよう。最初の焼き面に塩、コショウをしてチーズをのせ、とけたら完成だ。

強火

BBQ道具: アミ / 鉄板
調理時間: 10分 ※焼き時間3〜7分

焼き方のコツ
好みだが仕上げにしょう油を少したらすと旨さ倍増！

材料（1人分）
- 牛ステーキ肉 …… 150g
- 塩 ………………… 適量
- コショウ ………… 適量
- とろけるチーズ …… 1枚
- しょう油 ………… 適宜

ワンポイント 肉の焼き方は、炭焼きステーキのページ（P40）を参照！

簡単さに感嘆！味噌漬け牛肉を焼く

老舗の味覚だと思っていた牛肉の味噌漬けを、野外流の簡単料理にアレンジした。老舗はもっとたくさんの材料を使うのだろうが、甘口の白味噌を使えば本当に手間いらず。細かいことはすべて時間が調理してくれる。

1 白味噌を牛肉に塗る

クッキングシートを30cmほどにカットしてステーキ肉をのせる。このシートの上で、肉の片面に味噌を薄く塗ろう。このシートを4枚作っておくと野外に持ち出しやすい。

2 裏面にも味噌を塗っておこう

肉を裏返したら裏面にも味噌を塗る。均一に味噌を塗ったら、クッキングシートで肉を包んでクーラーボックスや冷蔵庫などで3時間以上漬け込む。漬け込む時間は味噌の塩分で変わるので、漬け込む前に必ず味噌の塩気を確認しておこう。

3 この肉は弱火キープで焼こう

肉を取り出したら余分な味噌をキレイに拭き取り、弱火でアミ焼きにする。味噌はコゲやすいので、終始弱火で両面を焼こう。完全に焼いても固くならない。

調理時間 3時間20分 ※焼き時間5〜7分程度

BBQ道具: アミ / 鉄板

材料（4人分）
- 牛ももステーキ肉……… 4枚
- 白味噌（米麹味噌）…… 120g

弱火

鉄板焼き・アミ焼きBBQ

焼き方のコツ
味噌は必ず甘口の白味噌(米麹味噌)を使うこと。また、コゲやすい味噌を、焼く前に丁寧に拭き取っておこう

ワンポイント 味噌漬け肉は保存性が飛躍的に向上するので、アウトドアに持ち出しても安心感が増す。

炭焼き仕立てのスペアリブ

巷には様々なアレンジを加えた旨いスペアリブが存在するが、我が野外流は炭火で仕上げるワイルドさが特徴である。登場するだけで食卓が華やかになるスペアリブは、難しい料理だと思うだろうが実はとても簡単な料理なのだ。

材料（4人分）
- スペアリブ … 12本（約1kg）

＜ブーケガルニの材料＞
- パセリの茎 ………… 適量
- セロリの葉 ………… 適量

＜漬け込みダレの材料＞
- ニンニク ………… 2片
- ショウガ ニンニクと同量
- 砂糖 ………… 大さじ2
- しょう油 ………… 大さじ4
- 白ワイン ………… 大さじ4
- 塩 ……… 小さじ1と1/2
- ケチャップ ……… 大さじ4

BBQ道具　アミ　鉄板

調理時間　1時間10分
※焼き時間3分

1 最初に塩をすり込んでおこう

スペアリブ全体に軽く分量外の塩をすり込んでから下ゆで開始。鍋に湯を沸かし、スペアリブと＜ブーケガルニの材料＞を入れたら超弱火にする。沸騰寸前（70℃くらい）の温度でアクをとりながら、15分間ゆでておこう。

2 漬けダレの準備をする

肉をゆでている間にニンニクとショウガをすりおろし、さらに、ほかの＜漬け込みダレの材料＞を合わせてタレを作る。

ワンポイント　漬け込みダレにタマネギをすりおろして加えると、味に深みが出るので試してほしい。

鉄板焼き・アミ焼きBBQ

焼き方のコツ
タレがついている肉はとてもコゲやすいので、弱火で焼こう。また、漬けダレを絡めて食べても旨い！

③ タレに絡め漬けておく
スペアリブを15分間ゆでたら湯を捨て、スペアリブが熱いうちにタレを絡めよう。ときどき全体をまぜながら、40分以上タレに漬ける。

弱火

④ 弱火で焼いて仕上げよう
漬け込みを終えたら弱火の炭火で焼いて仕上げる。各自が焼きながらアツアツを食べると旨さも格別だ。

自家製のタレで焼く旨い骨付きカルビ

大人気の焼き肉メニュー、骨付きカルビをアウトドアに持ち出そう。肉を漬け込むとコゲやすいので、焼いてからタレを塗る簡単で安心な調理法にした。やさしいリンゴの甘みを感じながら調理を楽しもう。

材料（4人分）

<しょう油ダレの材料>
- リンゴ …………1/4個
- タマネギ ………1/2個
- しょう油 ………100ml
- みりん …………100ml
- 塩 ………………適量
- 骨付きカルビ………800g

鉄板焼き・アミ焼きBBQ

1 タレ作りから始めよう
リンゴ（皮ごと）とタマネギをすりおろしたら、しょう油とみりんをまぜて、塩で味をととのえる。

2 強火で手早く肉を焼く
薄い骨付きカルビ肉は簡単に火が通るので、強火で両面を手早く焼こう。トングをうまく使って焼くのがコツ（アミにはハケで酢を塗ってコゲつき防止を）。

3 タレを塗って仕上げよう
しょう油入りのタレはコゲやすいので、弱火にしてからハケで両面に塗る。しょう油の香りがたったら焼きあがりの合図。

焼き方のコツ
薄い骨付きカルビは両面を強火でサッと焼こう。タレを塗るとコゲやすいので、弱火で炙る程度でOK

BBQ道具: アミ／鉄板

調理時間 20分 ※焼き時間5分

パキュと炭火で焼くソーセージ

レシピにするため串に刺したが、調理と呼べるようなことは何もない。自分のフォークに刺して焼くだけでもよいだろう。パキュとはソーセージの皮がはぜる音。この瞬間のソーセージが最高に旨いことを覚えておこう！

材料（4人分）
- ウインナーソーセージ……適量
- マスタード……………適量
- しょう油………………適量
- ケチャップ（好みで）……適量

BBQ道具：アミ、炭火

調理時間 5分 ※焼き時間4〜5分

焼き方のコツ
ココでは串焼きにしているが、アミ焼きでも同じようにパキュと音がしたら焼きあがりの合図

② 焚き火にかざしてパキュを待つ
炭火や焚き火に直接かざして焼く。最高の焼け具合になるとパキュ！と音がする。このタイミングを逃さないこと。

① 金串に刺しておこう
焼きアミにのせてもフォークに刺してもかまわないが、焼くときにやけどしないように注意！

鉄板焼き・アミ焼きBBQ

③ケチャップもいける！

マスタードやしょう油を少しつけて食べよう。
好みでケチャップも旨いと思う。

豚肉のしょうが焼き

定食メニューのしょうが焼きも、バーベキューの仲間だからアウトドアに持ち出してみよう。下味をつけて焼くので香ばしさもおいしい調理方法だ。

材料（4人分）

＜タレの材料＞
- おろしショウガ …… 1/2個分
- 日本酒 ………… 大さじ1
- しょう油 ………… 大さじ1
- 豚ロース肉（スライス）…… 300g
- オリーブオイル ………… 適量

BBQ道具: アミ、鉄板

調理時間: 25分 ※焼き時間3分

焼き方のコツ

薄い肉を使うので、フライ返しなどを活用して強火でサッと焼きあげたい

① タレに漬けておく

＜タレの材料＞をまぜたら、食べやすく切った肉に絡めて20分ほど漬ける。このとき、クーラーボックスなどには入れず常温で漬けよう。

② 強火で手早く焼きあげる

強火で充分に加熱した鉄板にオリーブオイルをひき、オリーブオイルが熱くなったらタレごと肉を入れて焼く。肉の色が変われば完成だ。

手羽中の塩焼き

材料（4人分）
- 鶏手羽中 …… 8〜12本
- 塩 ………… 適量
- コショウ …… 適量

BBQ道具：アミ／鉄板
調理時間：15分 ※焼き時間7〜8分

手羽中焼きの基本メニューだが、皮はパリッとさせながら肉をジューシーに仕上げるのは炭火焼きならでは。アウトドアなら行きつけの焼き鳥屋さんにも負けない味になる。

① 手羽中の両面に塩を振る
少し多い？　と思うくらい振るほうがおいしくなる。塩は天然塩をススメル。

② 今度はコショウを振る
好みだがこちらもタップリ振ろう。粗びき黒コショウがオススメだ。ここで5分ほどおくと肉が締まり塩味もしみ込む。

焼き方のコツ
塩、コショウをしたら5分ほどおいて味をしみ込ませてから焼こう

③ 皮面から焼き始める
中火以下の火力にしたらアミにのせ、時折裏返し、全面がコンガリ焼けたら完成だ。熱いうちが断然おいしい。

火力：中火〜弱火

ワンポイント　皮から落ちる脂で時折炎があがるが、濡れ布巾や水を用意して炎を消しながら焼こう。

鶏もも肉の網焼き

アミで塩焼きにするだけでも、とてもおいしい鶏もも肉にひと手間加えて、上品で食べやすい「もも焼き」にした。炭火をおこしたら是非一度は試してほしいと思う。鶏ももが好きな人だけではなく、苦手な人にもオススメしたい一品だ。

材料（4人分）
- 骨付き鶏もも肉……… 2本
- レモン……………… 1個
- 日本酒……………… 大さじ2
- オリーブオイル…… 大さじ1
- 塩…………………… 小さじ1/2
- コショウ…………… 小さじ1/2

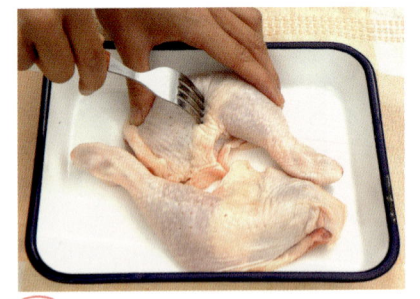

1 もも肉に穴を開けよう

調味料がしみ込みやすくなるように、フォークで鶏もも肉の両面に穴を開ける。

2 肉を漬け込む

適当な容器にスライスしたレモンを敷き、さらに、もも肉をはさむようにレモンを置く。日本酒を振り入れたら30分ほど寝かせる。この間に炭をおこし、弱火にしておこう。

調理時間 1時間20分
※焼き時間30分程度が目安

BBQ道具
- 鉄板
- アミ

ワンポイント 厚みがある鶏もも肉は、完全に火を通すのに時間がかかって当然。弱火でゆっくり、あわてずに焼こう。

鉄板焼き・アミ焼きBBQ

焼き方のコツ
グリルにフタがあれば必ず使って焼こう。ない場合はアルミホイルで覆うと効率よく焼きあがるだろう

④ 弱火で両面をじっくり焼く
弱火で両面を焼けば完成。肉から落ちる脂に引火して炎があがったら、水を少しかけて消すこと。

弱火

③ 塩、コショウ入りオイルを塗る
時間が経過したら肉を取り出し、塩とコショウをまぜたオリーブオイルを肉全体に塗っておく。

手羽中を照り焼きにする

日本人より外国の方々のほうがたくさん食べているかも？と思うほど大人気の照り焼きソースを使って、小さくて食べやすい手羽中を焼いた。塩味にあきたら焼いてみよう！

① 手羽中に塩、コショウをしてから5分おく

甘めな照り焼きなので、塩とコショウはシッカリして常温で5分ほどおこう。この間に＜照り焼きソースの材料＞を合わせよう。

材料（4人分）
- 鶏手羽中……………800g
- 塩……………………適量
- コショウ……………適量
- ＜照り焼きソースの材料＞
  - みりん………100mℓ
  - しょう油……100mℓ
  - 昆布茶の素……小さじ1

BBQ道具：アミ、鉄板
調理時間：15分 ※焼き時間5分

② 弱火で皮面から焼こう

脂の多い鶏皮は炎があがりやすく焼きにくい。弱火キープで皮面から焼くのが基本だが、炎があがったら少量の水で鎮火させる。

③ 最後に照り焼きソースを塗る

手羽中が完全に焼けたら照り焼きソースを塗ろう。塗ったら完成！くらいのタイミングでよい。スグに火からおろして完成。

焼き方のコツ
焼けば立ちあがる炎は、濡れ布巾や水を使って鎮火すること

鉄板焼き・アミ焼きBBQ

ピリッと辛い焼き鳥

焼き方のコツ
肉に火が通ってから甘辛味噌を塗って焼くので、強火から弱火にしよう

BBQ道具：アミ／鉄板
調理時間：15分 ※焼き時間5〜8分

塩焼き鳥はおいしいが、毎回ではあきるのが人間だ。そこで少し辛いタレで焼いた変わり焼き鳥を提案する。辛さは調節可能なので子連れキャンプでも対応できるだろう。

① グリル内に強火と弱火を作る
❶ <ピリ辛ダレの材料>をすべて合わせ、火にかけて手早くまぜながら煮たたせる。
❷ 焼きアミに酢を塗ったら肉を焼く。強火で表面を焼いたら弱火に移し、中まで火を入れよう。

強火 → 弱火

② タレはハケで塗ろう
肉が焼けたらタレを塗り、軽く炙ればできあがり。焼きあがりに1度塗りが基本だが、何度か重ね塗るのも悪くない。

材料（4人分）

<ピリ辛ダレの材料>
- おろしショウガ ……… 約3cm
- みりん ……………… 大さじ3
- コチュジャン ………… 大さじ3
- しょう油 …………… 大さじ6
- 焼き鳥 ………………………… 8本

ワンポイント 自分で串打ちして焼く場合は、串を水に濡らして焼くと、串がコゲにくくなる。

さて？サテはアジアの焼き鳥です

東南アジアで有名な焼き鳥「サテ」を野外風味にした。漬け込みダレとサンバルソース野外風の2種類を作るので、少し面倒に感じるかもしれないが、少し甘めの焼き鳥は絶品。

焼き方のコツ
タレに漬け込んだ肉はとてもコゲやすい。余分なタレは充分拭ってから、弱火キープで焼きあげよう

BBQ道具：アミ／鉄板
調理時間：1時間 ※焼き時間10分

① 漬けダレを作ろう
＜漬けダレの材料＞をすべて合わせたら、食べやすく切って串に刺した肉を30分ほど漬ける。ときどき裏返そう。

② サンバルソースを作る
鍋にオリーブオイルを入れたら加熱。豆板醤、おろしニンニク、タマネギを加えて炒める。そこへザク切りのミニトマトを加えて、トロミが出るまで煮つめる。最後に塩とコンソメを入れる。

③ 漬け込んだ肉を焼く
漬けダレから肉を取り出し、タレを拭って弱火で焼きあげる。盛りつけた後、サンバルソースをかければ完成だ。

材料（4人分）

＜漬けダレの材料＞
- おろしタマネギ……1/4個分
- おろしニンニク……1片分
- おろしショウガ……10g
- 砂糖……大さじ2
- しょう油……100ml
- 鶏もも肉……2枚

＜サンバルソースの材料＞
- オリーブオイル……大さじ2
- 豆板醤……大さじ2
- おろしニンニク……3片分
- おろしタマネギ……1/6個分
- ミニトマト……6個
- 塩……小さじ1
- コンソメ（顆粒）……小さじ1

鉄板焼き・アミ焼きBBQ

タンドリーチキンだってば！手羽？

BBQ道具：アミ／鉄板
調理時間：3時間20分以上 ※焼き時間10分

この調理方法は傷みやすい鶏肉の保存性をよくするので、キャンプ出発前夜に仕込んでおくととても便利。柔らかで風味豊かなインド風チキンはいかがですか？

① 味をしみ込ませる
フォークなどで手羽の両面にプツプツ穴を開けたら、軽く塩、コショウをして味をしみ込ませよう。

② ソースに3時間以上漬ける
適当な器にセロリとタマネギをすりおろし、ほかの＜インド風ソースの材料＞とまぜ合わせたら、少し濃い目に塩で味つけして手羽先を漬け込もう。

③ 弱火でコンガリと焼こう
コゲやすい余分なソースは拭って、弱火でゆっくり焼く。フタをすると効率よく短時間で焼ける。

材料（4人分）
- 鶏手羽先 …………… 8本
- 塩 …………………… 適量
- コショウ …………… 適量

＜インド風ソースの材料＞
- セロリ ……………… 1本
- タマネギ …………… 1/2個
- おろしニンニク …… 小さじ1/2
- おろしショウガ …… 小さじ1/2
- レモン汁 …………… 1/2個分
- プレーンヨーグルト … 1/2カップ
- カレー粉 …………… 小さじ2
- 塩 …………………… 小さじ1と1/2
- コショウ …………… 適量

焼き方のコツ
漬け込みソースはコゲやすいので弱火が原則。できるだけ余分なソースは拭って焼こう

ワンポイント　ソースに肉を入れる前に、必ずソースの味見をして少し濃い塩加減にしよう。また、漬け込み中はクーラーボックスなどに入れること。

マリネチキンを炭焼きにする

材料（4人分）

＜マリネソースの材料＞
- 赤唐辛子 ……………… 5～6本
- おろしニンニク ……… 大さじ1
- オリーブオイル ……… 50mℓ
- しょう油 ……………… 大さじ1
- パプリカ ……………… 小さじ1
- ナツメグ ……………… 小さじ1/4
- タイム ………………… 大さじ1/4
- 塩 ……………………… 小さじ1
- コショウ ……………… 小さじ3/4
- 鶏むね肉 ……………………… 2枚

BBQ道具：鉄板／アミ

調理時間 1時間5分
※焼き時間5～6分

マリネ液には長く漬けて（数時間～一晩）おいても大丈夫なので、出かける前に仕込んでおくとよい。子どもも食べる場合は、赤唐辛子を減らして料理してほしい。

① ソースの材料を合わせマリネ液に漬け込む

赤唐辛子を刻みタネを除いたら、ほかの＜マリネソースの材料＞と合わせてマリネ液を作る。これに食べやすく切り分けた鶏肉を漬け、涼しいところで1時間以上休ませる。

② 弱火でゆっくり焼こう

（弱火）

頻繁に裏返し、コゲつきに注意したい。漬け込み時間が短い場合は、マリネ液を塗りながら焼こう。

焼き方のコツ

しょう油入りのマリネ液に漬け込んであるのでコゲやすい。焼きアミに酢を塗り、弱火で焼こう

ワンポイント 漬け込み時はときどきまぜて、味を均等にしみ込ませよう。長時間漬けても旨い。

鉄板焼き・アミ焼きBBQ

ハーブが爽やかなラムロースト

ミントやローズマリーの香りと食感が新鮮なBBQ料理。甘いソースが嫌いなら、材料から砂糖を省略して調理するとよい。

１ ラムのにおいを消すために

❶ オリーブオイルにローズマリーと塩、コショウをよくまぜておく。
❷ このオイルをラムに塗り、10分間寝かせてなじませる。

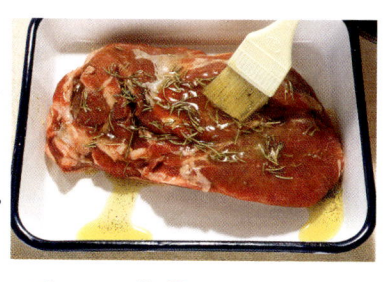

２ 旨味を閉じ込めて焼く

弱火

加熱した鉄板で肉全体に焼き色をつけたら、つけ合わせ野菜ものせてフタなどで覆って弱火で焼く。この間に＜ミントソースの材料＞をすべて合わせ、ラムが焼けたら切り分けてソースをかけて完成。

材料（4人分）

- オリーブオイル……大さじ4
- ローズマリー………大さじ1
- 塩……………………小さじ1
- コショウ……………小さじ1/2
- ラム肉…1ブロック（450g）
※つけ合わせ野菜は適宜。

＜ミントソースの材料＞
- フレッシュミント …3〜4枝
- ワインビネガー……50ml
- 砂糖…………………小さじ1
- 熱湯…………………50ml
- 塩……………………適量

BBQ道具: 鉄板、アミ

調理時間 50分 ※焼き時間40分

焼き方のコツ

最初にラムの表面に焼き色をつけてから弱火で焼く。グリルのフタやアルミホイルのカバーは必需品

ワンポイント つけ合わせ野菜はジャガイモ、ニンジン、カボチャなどがおススメだ。

自家製タレが旨いジンギスカン

BBQ道具: アミ／鉄板
調理時間: 1時間 ※焼き時間2〜3分

ヘルシーな肉料理として人気が高いジンギスカン。市販のタレが甘くて口に合わないのなら、タレから自作してしまおう！ 野菜のやさしい旨味ダレに箸がとまらなくなるかもしれないが……。

焼き方のコツ

鉄板に少し傾斜をつけ、高い所で肉を焼き、低い所でタマネギやモヤシなどを焼こう

鉄板焼き・アミ焼きBBQ

材料(4人分)

<漬けダレの材料>
- リンゴ …………… 1個
- ピーマン ………… 2個
- タマネギ ………… 1個
- ニンニク ………… 1片
- 砂糖 ………… 大さじ1
- しょう油 ……… 100mℓ
- 赤ワイン ……… 200mℓ
- スライス ラム肉 … 500g
- 好みの野菜 ……… 適量

① 自分好みのタレ作り

まず漬けダレの準備。適当な鍋にリンゴ、ピーマン、タマネギ、ニンニクをシャコシャコとすりおろそう。

② 一度沸騰させるとスグ完成!

①の鍋に砂糖、しょう油、赤ワインを加えたら、一度沸騰させて冷ませばタレは完成だ。

③ タレが冷めたら漬け込もう

タレが常温付近まで冷めたら、ラム肉を30分ほど漬け込もう。

④ 鉄板には傾斜をつけて

グリルにのせる鉄板は少し傾斜をつけて置こう。傾斜した鉄板の高い所で肉に焼き色をつけたら(肉と同時にタレも入れる)、低い所に移動して軽く煮る。野菜も低い所で焼くと、タレの味がしみ込んでおいしい!

ワンポイント 肉が厚切り肉の場合はアミ焼きがよい。とてもサッパリ食べられるだろう。

味噌焼きのカキ

材料にするカキは大粒の加熱用をススメル。生食用と加熱用の違いは、洗った時間の差だけで鮮度に違いはない。生食用は洗いすぎていてカキの味が薄くなっているので、この料理には適さない。時間に余裕があれば串焼きにするのも楽しい。

材料(4人分)
- カキ……………………20粒
- 日本酒…………………小さじ2
- しょう油………………小さじ2
- 味噌……………………大さじ1

BBQ道具：アミ／鉄板
調理時間 30分 ※焼き時間4〜5分

焼き方のコツ
弱火でジックリ焼くが、焼きすぎは禁物！味噌の香りがたち、カキがプックリしたら焼きあがりの合図だ

1 カキの水気を切る
市販のカキは入念に洗ってあるので、ザルにあけるだけでOK。漁港で入手の場合は、丁寧に洗おう。

2 カキに下味をつけて20分ほどおこう
カキをボウルに入れ、分量の日本酒としょう油を加えて軽くまぜ、しばらく寝かせる。

鉄板焼き・アミ焼きBBQ

④ 遠火で焼いてできあがり
加熱したアミにカキをのせて焼こう。カキがプックリふくらみ、味噌の香りがたってきたら食べ頃だ。

弱火

③ 指先で味噌を塗ろう
カキの水気をキッチンペーパーなどで軽く切りながら、指先でカキに味噌を少し塗りつける。

②カキの殻を外そう
ドライバーなどを差し込み殻を外すが、詳しくは購入時に尋ねよう。ナイフは危険なので使用禁止！

①バターに合わせる材料を刻む
パセリはタップリ使い、ニンニクとタマネギはすりおろしてもOK。バターとまぜるだけでパセリバターの完成。

殻付きカキのパセリバター焼き

ひと口食べれば濃厚なカキの風味が口いっぱいに広がり、調理の手間を忘れるだろう。このパセリバターはパンに合わせてもおいしいので、余分に作ることをススメル。炭火で炙ったフランスパンと白ワインの組み合わせは最高だ。

材料（4人分）
- パセリ……………1束
- ニンニク…………2片
- タマネギ…………1/2個
- バター……………40g
- 殻付きカキ………8個

BBQ道具　アミ　鉄板

調理時間 20分
※焼き時間10分

焼き方のコツ
強火だと貝殻が破裂することがある。フタやアルミホイルでカバーをして中火で焼くと、焼き時間が短縮する

鉄板焼き・アミ焼きBBQ

④ フタやアルミホイルで覆って

グリルにフタがない場合は、アルミホイルでカバーをすると短時間で焼きあがる。火力に注意して中火で焼こう。

③ パセリバターをカキに盛る

パセリバターはのせすぎると、とけこぼれるのでほどほどにしよう。モッタイナイですから……。

殻付きホタテの バター焼き

焼き方のコツ
おき火にホタテをのせ少し焼いて裏返すと、貝柱は下側についている

BBQ道具: アミ、鉄板
調理時間: 10分 ※焼き時間5分
中火

ホタテ料理の基本とも言えるバター焼きをオサライしよう。ホタテ産地のシンプルな調理方法が示すように、ホタテとバターの相性は最高だと思う。

① 貝柱が下側に来るように焼こう
ホタテが活きているうちに焼くと、貝柱は熱を避けて上側に付く。そのタイミングで裏返せば、貝柱は必ず下側に来ているハズだ。

② バターしょう油で味つけ
海水の塩分だけでもおいしいが、バターしょう油に日本酒が加わると完璧だ。新鮮なホタテならレア状態がよい。日本酒としょう油の割合は1対1が基本。

材料（4人分）
- 殻付きホタテ……… 4個
- 日本酒……………… 適量
- しょう油…………… 適量
- バター………… 4個（40g）

鉄板焼き・アミ焼きBBQ

ホタテのネギみそ焼き

材料(4人分)

<味噌ダレの材料>
- 万能ネギ ……… 1/2束
- 味噌 ………… 大さじ2
- 日本酒 ……… 大さじ2
- 砂糖 ………… 大さじ1
- 殻付きホタテ …… 4個

調理時間 20分 ※焼き時間10分

BBQ道具: 鉄板／アミ

1 まずは味噌ダレを作ろう

万能ネギを小口切りにして半量を適当な器に入れる。そこへほかの＜味噌ダレの材料＞を加えてまぜれば完成。ネギの残りは後で使う。

2 ホタテ貝柱と味噌を合わせる

❶ホタテの口を開け、貝柱を殻から外したら食べやすく刻んで、味噌ダレとまぜ合わせる。
❷味噌ダレと合わせた貝柱を殻に戻したら、残した刻みネギをドッサリのせる。

3 炭火に置いて焼く

味噌がよい香りをあげ、貝柱にもほどよく火が通ったら食べ頃だ。まぜ合わせながら食べよう。

中火

新鮮なホタテは焼きすぎ厳禁！ ホタテがレア状態でも味噌の香りがたったら食べ頃だ。貝柱を刻んで焼くので酒の肴に最適。ここは熱燗かな？

焼き方のコツ

貝殻を器に使うので中火が適しているが、焼きながら食べる場合は弱火をススメル

旨いサザエのつぼ焼

① 殻から身を取り出す

殻付きサザエを網焼きする。中身を取り出すことが目的なので、身が外せるようになれば終了。

材料(4人分)
- 活サザエ ……………… 4個
- <照り焼きソースの材料>
  - みりん ……… 大さじ2
  - しょう油 ……… 大さじ2
  - 昆布茶の素 … 茶さじ1/3

② 照り焼き味をつけよう

Ⅰ サザエの身を取り出したら食べやすく切る。
Ⅱ 切った身を再び貝殻に戻したら、<照り焼きソースの材料>を合わせて、均等に貝殻に入れる。

③ 少し煮たら完成だ

貝殻を再度火にかけ、沸騰するまで焼いて完成。普段のつぼ焼とはひと味違うだろう。

調理時間 **20分** ※焼き時間10分

BBQ道具: アミ / 鉄板

浜焼き料理の定番にひと手間加えて焼きあげた。アウトドアならワイルドな調理方法も悪くないが、たまにはワンランク上品な照り焼き風味のサザエのつぼ焼を味わってみよう。

焼き方のコツ

1度下ゆでしてあるので、弱火で味をしみ込ませよう

ワンポイント ▶ 最初に焼いた後、貝殻に残る煮汁は旨味成分なので、そのまま殻に残しておこう。

鉄板焼き・アミ焼きBBQ

屋台風味の照り焼きイカ

焼き方のコツ
ここではワタも焼く丸焼きにしたが、好みでワタを外してもよい

懐かしい夜祭りの香りがするイカの照り焼きを作ろう。照り焼きソースを作ったらジックリ焼くだけなので、料理初心者でも安心して調理できる。

① 飾り包丁を入れる
洗ったイカに浅く格子状の切れ目をつける飾り包丁を施して、照り焼きソースがしみ込みやすくしておこう。ソースは材料を合わせるだけ。

材料（4人分）
- 生イカ……………… 2杯
- <照り焼きソースの材料>
  - みりん ………… 大さじ2
  - しょう油 ……… 大さじ2
  - 昆布茶の素 …… 茶さじ1/3

BBQ道具：アミ、鉄板
調理時間 20分 ※焼き時間15分

② 照り焼きソースを塗って仕上げる
弱火の網焼きでイカを焼く。イカが焼けたら照り焼きソースを塗ろう。ソースは3〜4回繰り返し塗るのが基本だ。

弱火

ワンポイント ソースを塗ったら、しょう油の香りがたつまで必ず軽く炙り焼こう。

イカの鉄砲焼き

旨さの極意はイカワタと味噌の合体にあった！漁師料理を元にしたイカ料理だが、下ごしらえに少し手間をかけて、さらに味わい深くしているので試す価値はあると自負している。旨いイカを丸ごと食べ尽くしてほしい。

BBQ道具：アミ、鉄板

調理時間 25分 ※焼き時間20分

焼き方のコツ

イカは焼けると縮むと同時に、腹に詰めた味噌などは蒸気を出すので、腹7分目に詰めて弱火で焼こう

鉄板焼き・アミ焼きBBQ

1 イカワタと味噌を合体

❶イカの腹に指を入れてワタを抜き、軟骨も取って胴の中を洗う。ワタは1杯分を取り置こう。
❷残したワタにミジン切りの長ネギと味噌、ショウガと日本酒を合わせてまぜる。味噌が重くてまぜにくい場合は、日本酒を増やそう。

材料（4人分）
- 生イカ ……………… 2杯
- 長ネギ ……………… 2本
- 味噌 ………… 大さじ山盛り1
- おろしショウガ …… 小さじ1
- 日本酒 …………… 大さじ1

2 腹7分目に詰めよう

今度はイカの胴に❷のワタ入り味噌を戻す。パンパンに詰めると吹き出すので、7分目ほど詰めたら楊枝で端をとめておく。

3 弱火でじっくり焼こう

加熱したアミにコゲつき防止用の酢を塗り、弱火キープでジックリ焼いて、中まで火を通す。イカがふくらめば完成だ。

弱火

column 炭火の火力の見分け方を知っておこう

炎を上げている炭は調理に不適！ 炎が落ちて表面が白くなれば使い頃だ。白い炭がたくさんあれば強火、そこそこなら中火、少しなら弱火だ。炭の黒い所は遠赤外線を遮ることも覚えておこう。

洋風ネギ油仕立ての有頭エビの塩殻焼き

長ネギをオリーブオイルで炒めて、香りもおいしく調理した。今回は見た目も豪華に有頭エビを使ったが、頭のない大きめの冷凍エビでも代用可能だ。アウトドアの食卓にこの料理が出されたら大歓声マチガイなし！

材料（4人分）
- 大エビ……………………4尾
- 塩………………………適量

＜ネギ油の材料＞
- ニンニク…………………1片
- 赤唐辛子…………………1本
- オリーブオイル…大さじ2
- 長ネギ……………………1本

BBQ道具: アミ / 鉄板
※フライパン使用

調理時間 15分 ※焼き時間10分

1 塩を振り弱火で網焼き

撮影の都合でアミの上で塩を振っているが、エビに塩を振った後に少し休ませると風味がよくなる。

（超弱火／弱火）

2 イタリア風味のオイルを作る

エビを焼く間に、フライパンに刻んだニンニクと刻んでタネを除いた赤唐辛子を入れ、オリーブオイルを加えたら弱火にかけて加熱しておこう。

鉄板焼き・アミ焼きBBQ

焼き方のコツ

基本的にエビは殻付きで焼くこと。殻に多めに塩を振り、焼きあがったら殻を外す（完成写真は一部殻付きのまま）

column 洋風ネギ油を応用しよう

紹介したネギ油は、塩焼きにしたシンプルな料理にかけると、味に深みが断然増すようだ。おススメは鶏ササミの塩焼き（含む焼き鳥）、赤身のビーフステーキ、豚ヒレの塩焼きなど。

③ 洋風ネギ油を完成させる

フライパンからニンニクの香りがしたら、細切りの長ネギも加えて軽く炒めればネギ油の完成。焼きあがったエビの殻をむき、ネギ油をかけて食べよう。

エビの塩殻焼き

大ぶりのエビを殻ごと塩焼きにするシンプル料理だ。このような有頭エビをお正月に食べる地方もあるようだが、アウトドアの食卓にものせて楽しもう！

調理時間 30分 ※焼き時間15分

BBQ道具: 鉄板 / アミ

焼き方のコツ
塩を振ったら10分ほどなじませる。コゲやすいので弱火でゆっくり焼こう。

材料（4人分）
- エビ……………4尾
- 塩………………適量

① エビの殻に塩を振る
殻は食べるときにはむくので、塩は大胆に振っても大丈夫。表面が白くなるくらい振り、しばらく寝かせよう。

② 弱火で乾かすように！
10分ほど塩をなじませたら超弱火で焼く。火力が強いとコゲてしまうので注意。焼けたらエビの殻をむいて食べよう。

鉄板焼き・アミ焼きBBQ

アルミホイルで包み焼くタルタルソース味のサケ

材料（4人分）
- タマネギ……………1個
- 生サケ………………4切
- 塩……………………適量
- コショウ……………適量
- タルタルソース…大さじ2
- しょう油………小さじ2

サケが持っている水分と、野菜の旨味成分で蒸し焼きにしよう。蒸し焼きはゆっくり温度上昇させるのが上手に焼くコツ。閉じ込められたおいしさは思わず笑みがこぼれるほどだ。

② タマネギの上にサケ
全面に軽く塩、コショウしたサケを、薄切りタマネギの上にのせる。

① 薄切りタマネギを敷く
アルミホイルを50cmほど引き出して二重にしたら、薄切りタマネギを均等に敷く。

③ 弱火でジックリ加熱
サケにタルタルソースを塗り、ホイルで包んで焼く。水分の沸騰音とよい香りがしたら、ホイルを開けてしょう油をたらして完成。

焼き方のコツ

アルミホイルで包む蒸し焼きは旨味を逃さない。さらに、弱火でゆっくり加熱することで旨味が増すので、10分を目安に焼きたい

調理時間 15分
※焼き時間10分

BBQ道具
鉄板
アミ

マグロのつけ焼き

刺身用マグロの册(さく)を手早く炙(あぶ)って食べよう。刺身では感じることのなかった旨味と食感は絶品だ。風味豊かな味噌ダレ仕上げなので、赤身や中トロはもちろん、比較的安価なメバチやキハダ、ビン長マグロでも充分だ。

材料(4人分)

＜味噌ダレの材料＞
- おろしニンニク……小さじ1
- おろしショウガ……小さじ1
- 味噌………大さじ山盛り2
- 砂糖…………大さじ1
- 日本酒…………大さじ6
- マグロ……………1〜2册

調理時間 15分 (炙焼き時間2〜3分)

BBQ道具: アミ／鉄板

1 合わせ味噌ダレにツヤを出そう

適当な鍋などに＜味噌ダレの材料＞を合わせたら火にかけ、手早くかきまぜながら沸騰させて煮つめる。手早くかきまぜると味噌にツヤが出ておいしくなる。

2 タタキのように仕上げよう

マグロは(冷凍なら解凍して)表面だけ軽く炙り焼く。アミに酢を塗るコゲつき防止策を忘れずに！

ワンポイント 手早い作業が必要なので、やけど防止に作業用手袋の着用をススメル。

鉄板焼き・アミ焼きBBQ

焼き方のコツ
必ず焼きアミに酢を塗ってコゲつき防止策を施し、味噌も軽く炙って色と香りを出そう

column 味噌ダレを応用する
春や秋ならカツオの刺身用冊に代えて料理しよう。マグロよりも濃厚な味わいが楽しめる。ただし、白身魚では淡白な味が消えてしまうので注意。

③ 色が変わったら手早くタレを塗る
マグロの色が変わったら、ハケやスプーンで片面にタレを塗る。やけどに注意して手早く何度も塗り、裏返してタレも軽く炙ったら完成。

タラの梅シソ包み焼き

タラと野菜の水分で蒸し焼きにするので、互いの旨味がまざり合い驚くほどおいしくなった。豪快料理の合間に、やさしいタラちゃん料理はいかが？

調理時間 15分 ※焼き時間7～8分

BBQ道具: アミ／鉄板

① 梅ジソ風味にする

❶ タラの切り身に切れ込みを入れて開き、青ジソを2枚重ならないように置く。さらに、練り梅を塗りのばしておこう。
❷ エリンギは株分けして薄切りにしておこう。

② アルミホイルにエリンギを敷く

アルミホイルを50cmほど引き出して2つ折りにしたら、薄切りしたエリンギを敷く。コゲつき防止と旨味を吸い取る重要な働きをしてくれる。

材料（4人分）
- タラ……………4切
- 青ジソ…………8枚
- 練り梅…………適量
- エリンギ………4本
- バター…………10g×4

中火～弱火

③ バターをのせて準備完了

❶ エリンギベッドにタラを寝かせ、バターをのせたらアルミホイルで包む。
❷ 同じモノを4つ作ったらアミか鉄板で焼き、水分が沸騰する音とともにバターのよい香りがしてきたら食べ頃だ。

焼き方のコツ
鉄板でも焼けるが網焼きのほうが効率がよい。火力は中火以下でゆっくり焼こう

ワンポイント　練り梅の塩気はメーカーによって違うので、必ず味見をしてから使おう。

鉄板焼き・アミ焼きBBQ

焼き方のコツ
サバに火が通ってから味噌ダレを塗る！早まるとコゲる恐れがある

調理時間 25分
※焼き時間15分

BBQ道具：鉄板／アミ

梅風味が美味い！サバの味噌つけ焼き

① 梅風味の味噌を作ろう
サバに軽く塩をして、10分ほど置いて身を締める。この間に＜味噌ダレの材料＞をすべてまぜ合わせて味噌ダレを作っておこう。

定食屋で人気の焼きサバを、梅シソ風味のゆかり粉入り味噌でつけ焼きにした。サバの青くささが薄まり、とても食べやすいと同時に炭火焼きの威力も感じる一品だ。

② 弱火で焼いて味噌をつける
加熱した焼きアミに酢を塗ってコゲつき防止をしたら、サバの身から焼き始める。ほどよく焼き色がついたら裏返し、皮面を下にする。ここで身にタレを塗り、香りがたったら食べ頃だ。

材料（4人分）
- サバ……半身2枚
- 塩……適量

＜味噌ダレの材料＞
- おろしショウガ……少々
- ゆかり粉……小さじ1/2
- 日本酒……大さじ1
- 砂糖……小さじ1
- 味噌……大さじ1

ワンポイント　サバに火が通ったら味噌を塗るが、ハケで塗るくらいの分量が適している。

炭火でサンマを焼く

材料（4人分）
- サンマ・・・・・・・・・・・・・・・・・・・・・・・・4尾
- 天然塩・・・・・・・・・・・・・・・・・・・・・・・・適量

BBQ道具: アミ、鉄板
調理時間: 25分 ※焼き時間15分

焼けば猛烈に煙があがるサンマ。かつては惣菜の代表的存在だったが、最近の住宅事情ではアウトドア向きの料理なのかもしれない。旬のサンマは脂がのっておいしいが、煙も多くあがる。キャンプ場でも風向きには注意して焼こう。

ワンポイント 大根おろし、スダチやカボスなども用意するとさらにおいしく食べられる。

鉄板焼き・アミ焼きBBQ

> **column**
> **糠サンマを野外でも活用しよう**
> 北海道をはじめ日本各地で注目の「糠サンマ」。サンマを糠漬けにした保存食だ。適度な塩気と優れた栄養バランスで、アウトドアに持ち出すサンマとしても最適だ。旅先の市場で見つけたら焼いてみよう！

1 天然塩でサンマを締める

❶炭を熾す。あがる炎が落ちて表面が白くなればOK。
❷サンマに塩を振り、全体にまぶしたら10分ほど休ませて身を締める。焼きアミが小さい場合は頭を落とす。

弱火

2 コゲつき防止策をしておく

サンマの皮はコゲて焼きアミにつきやすい。
アミに酢を塗り、温度も充分に上げておこう。
火力はもちろん弱火だ。

焼き方のコツ
サンマの脂が炭に落ちると炎をあげる。この炎でサンマが黒コゲになるので、濡れ布巾を絞ったり、少量の水をかけて消しながら焼こう

3 立ちあがる炎を消しながら焼く

片面にキレイな焼き色がついたら裏返し、反対側も焼こう。途中で立ちあがる炎は、少し水をかけて消しながら焼くと、黒コゲにならずに焼ける。

バルサミコ風味のイサキとメバルのオイル焼き

塩焼きでもおいしい魚を、鉄板を使ってオリーブオイル焼きにした。これなら炭火や魚の扱いに不慣れな初心者でも簡単に料理できるだろう。仕上げにバージンオリーブオイルとバルサミコ酢をかけて食べよう。

材料（4人分）
- イサキ……………………1尾
- メバル……………………1尾
- 塩……………………………適量
- オリーブオイル… 大さじ6
- バルサミコ酢…………適量
- パセリ……………………1枝

1 ウロコとワタの処理
洗った魚のウロコを包丁で落とし、腹にも包丁を入れてワタを出して洗う。購入時に魚屋さんに頼むと処理してくれる場合もある。

2 塩を振り下味をつける
❶魚の表面だけではなく、腹の中にも塩を振って下味をつけておこう。
❷塩を振った魚を少し寝かせる。その間に鉄板を加熱し、熱くなったらオリーブオイルを入れよう。

BBQ道具: アミ／鉄板
調理時間: 30分 ※焼き時間25分

ワンポイント 材料表には大さじ6と記したが、もっと多くても大丈夫。たっぷりのオリーブオイルで焼こう。

鉄板焼き・アミ焼きBBQ

焼き方のコツ
弱火で加熱した鉄板にオリーブオイルをたっぷり入れ、グリルのフタかアルミホイルのカバーをして焼こう

column バルサミコ酢をおいしくする
安価なバルサミコ酢は一度煮詰めてから使ってみよう！ 火にかけたバルサミコ酢が2/3程度に減るまで煮詰めるのが目安だ。この処理をするだけで熟成と同じような効果が得られ、高級バルサミコ酢のような味になる。もちろんこの料理にもおススメの方法だ。

③ オリーブオイルで揚げ焼きに！
弱火

オイルが熱くなったら魚を入れて焼き色をつける。裏返したらフタかアルミホイルでカバーを。焼きあがったら新鮮なオリーブオイル（分量外）とバルサミコ酢、刻みパセリをかけて完成。

炭火のブリ照り焼き

① ソース作りと下処理をしよう

❶ <照り焼きソースの材料>を合わせてソースを作る。味は私好みなので各自で調整を。

❷ ブリに軽く塩を振り、しばらくおいて常温に戻す。指で触って冷たくなければOK！

フライパン調理が多いブリの照り焼きを、炭火で焼いたら極上のアウトドア料理になった。皆さんも驚くかもしれないが一番ビックリしたのは私だった……!?

② ソースは重ね塗りする

焼きアミを弱火で加熱し、酢を塗りコゲつき防止を施す。丁寧にブリの両面を焼き、完全に火が通ったら照り焼きソースを数回塗って完成だ。

材料（4人分）

<照り焼きソースの材料>
- みりん …………… 大さじ2
- しょう油 ………… 大さじ2
- 昆布茶の素 …… 茶さじ1/3

- ブリ …………………………… 4切
- 塩 ……………………………… 適量

調理時間 15分 ※焼き時間10分

BBQ道具 アミ／鉄板

焼き方のコツ
ブリは常温に戻してから弱火で焼こう

鉄板焼き・アミ焼きBBQ

新鮮な刺身を焼く

材料（4人分）
- 刺身 …………… 適量
- <タレの材料>
  - しょう油 ……… 適量
  - コチュジャン … 適量

新鮮な刺身はワサビしょう油で食べるのが最高！ なのは知っているが、アウトドアなら少し趣向を凝らしてみよう。強火の鉄板で焼くだけだが、甘辛いタレが新鮮だ。

焼き方のコツ
いわゆるレア状態に表面だけを焼く。サッと炙る感覚で手早く焼きたい

調理時間 5分 ※焼き時間1分

BBQ道具：鉄板／アミ

column ワサビしょう油で保存する
残った刺身を酒の肴にしたい場合は、漬けにするのも悪くない。料理屋ではしょう油とみりんなどを合わせたタレに漬けるようだが、アウトドアでは殺菌作用もあるワサビを溶いた生醤油に漬けよう。全体にやっと絡む程度のしょう油と合わせ、1時間以上漬けるのが目安だ。

① 刺身の脂で焼く低カロリー料理
❶ 鉄板を強火で加熱する。鮮度がよい刺身ほど短時間に表面だけを焼きたい。
❷ 味見をしながら、しょう油とコチュジャン（ワサビ代用可）でタレを作る。表面だけ軽く焼いた刺身につけて食べよう。

ワンポイント 耐熱皿に盛りつけた後、トーチバーナーで炙ってもOK。

水煮竹の子のつけ焼き

1 5mmほどに切った竹の子を焼く

竹の子の先端はもっと厚くても大丈夫だが、基本的に薄く切る方がおいしく感じるだろう。

BBQ道具：アミ、鉄板
調理時間：10分 ※焼き時間3～4分

材料（4人分）
- 竹の子の水煮……250g

<タレの材料>
- だし汁……大さじ1
- 砂糖……小さじ1
- しょう油……大さじ2

焼き方のコツ

竹の子にキレイな焼き色をつけることに専念しよう。タレを塗るとコゲやすくなるので注意したい

素朴な竹の子の食感を楽しむために、シンプルなつけ焼きにした。材料にした水煮の竹の子なら、季節を問わずマーケットで購入可能だ。竹の子を切ると出てくる白い粉のような部分はアクではない。旨味成分なので安心して食べよう。

column 竹の子の刺身を食べる方法を教えます

竹の子を入手しても、刺身で食べることはなかなか難しい。というのも、掘り出してから5分以内に食べることが刺身にする絶対条件だからだ。ハードルは高いが一度は試してみたい。もちろん、掘り出す際には地主さんの許可をもらうことを忘れずに！

鉄板焼き・アミ焼きBBQ

② 加熱して合わせタレを作る

＜タレの材料＞を適当な器に合わせたら、まぜながら加熱しておこう。ハケを準備しておくと便利だ。

③ タレを塗りながら焼く

竹の子に焼き色がついたら、数回に分けてタレを塗る。タレを塗るとコゲやすくなるので、焼き色を確認しながら塗ろう。

照り焼きソースが旨い野菜焼き

好みの野菜を焼いて照り焼きソースを塗るだけの簡単料理なのだが、BBQで不足しがちな食物繊維が豊富に摂れる。アウトドアでも体調管理は忘れずに！

焼き方のコツ
野菜は水分が減ると旨味もなくなるので手早く焼きたい

材料（4人分）
- ミニトマト……… 4〜5個
- アスパラガス……… 4本
- エリンギ……… 2本
- ナス……… 2本
- パプリカ……… 2個
- ピーマン……… 2個
- キャベツ……… 1/3個
- 塩……… 適量

＜照り焼きソースの材料＞
- みりん……… 大さじ2
- しょう油……… 大さじ2
- 昆布茶の素……… 茶さじ1/3

① 手早く野菜を焼こう
❶ 野菜に軽く塩を振ろう。ほんのひと振りで充分なので振りすぎに注意。
❷ アミを中火で加熱したら野菜をのせて焼く。固い食材から焼き始める。

② 照り焼きソースを塗る
焼いている間に＜照り焼きソースの材料＞を合わせ、焼けた野菜に塗る。ひと炙りしたら食べよう。

調理時間 15分 ※焼き時間5〜10分

BBQ道具: アミ／鉄板

ワンポイント　野菜は材料表に紹介したモノにこだわらず好みで用意しよう。残り野菜でも充分だ。

鉄板焼き・アミ焼きBBQ

BBQ [タレ&ソース] バーベキュー

おすすめ!

おいしいソースも市販されているが、自分の味覚に合ったオリジナルソースにまさる味はない。ココに紹介するのは私好みの配合なので、自分好みにアレンジして楽しんでみよう。材料をまぜるだけの簡単さだ。

基本のしょう油タレ

材料
- おろしタマネギ……………1/2個
- おろしリンゴ………………1/4個
- しょう油……………………100ml
- みりん………………………100ml

ここがポイント!
市販の焼き肉のタレに近い味なので、子どもから大人まで広く好まれる。化学調味料を使わず、リンゴやタマネギが生みだす自然な甘さが特徴だ。後口のよさも際立っている。

ピリ辛ダレ

材料
- おろしショウガ…小さじ1(チューブ入り約3cm)
- みりん……………………………大さじ3
- コチュジャン……………………大さじ3
- しょう油…………………………大さじ6

ここがポイント!
韓国のコチュジャンを使った甘辛のタレ。広く応用は効くと思うが、比較的淡泊な食材に適したソースになっている。コチュジャンの増減で味は大きく変わるので試してほしい。

味噌ダレ

材料
- 味噌……………………………………180g
- 日本酒………………………………100ml
- おろしニンニク……2片(チューブ入り6cm)
- 刻み万能ネギ………………………1/2束
- 砂糖…………………………………大さじ2

ここがポイント!
ニンニクをたくさん使っているので、少しクセのある食材や脂の多い食材に適している。また、この味噌は加熱して使う前提なので、焼きながら塗ってソースも加熱するように!

おすすめ！バーベキューBBQ [タレ&ソース]

マリネソース

材料
- おろしニンニク……大さじ1
- 赤唐辛子……5〜6本
- オリーブオイル……50mℓ
- しょう油……大さじ1
- パプリカ……小さじ1
- ナツメグ……小さじ1/4
- タイム……大さじ1/4
- 塩……小さじ1
- コショウ……小さじ3/4

ここがポイント！
食材の保存性を高めながら、味をしみ込ませるのが特徴のソース。塩、ニンニク、赤唐辛子、オリーブオイルは、保存性向上に使える調味料なので覚えておくと便利だと思う。

ミントソース

材料
- フレッシュミント……3〜4枝
- 熱湯……50mℓ
- ワインビネガー……50mℓ
- 砂糖……小さじ1
- 塩……少々

ここがポイント！
日本人にはなじみが薄い、少し甘くて香りの強いソースだ。においや脂分の多い食材に適しているが、後口もサッパリするので、ラム肉や個性的な材料のバーベキューに最適。

照り焼きソース

材料
- みりん……大さじ2
- しょう油……大さじ2
- 昆布茶の素……茶さじ1/3

ここがポイント！
照り焼きソースにはいろいろな種類があるが、アウトドア風味はしょう油とみりんを1対1で合わせ、昆布茶を加えて味に深みを出す。砂糖や水飴、日本酒を使うのもよいだろう。

サンバルソース

材料
- おろしタマネギ……1/6個分
- おろしニンニク……3片分
- プチトマト（つぶす）……6個
- オリーブオイル……大さじ2
- 豆板醤……大さじ1
- コンソメ（顆粒）……小さじ1
- 塩……小さじ1

ここがポイント！
インドネシアのサンバルソースを、少しアウトドア風にアレンジした。材料のコンソメをかつおだしの素に代えると、さらにホンモノに近い味になる。お好みで試してみよう。

インド風ソース

材料
- おろしタマネギ……1/2個
- おろしセロリ……1本
- おろしニンニク……小さじ1/2
- おろしショウガ……小さじ1/2
- レモン汁……1/2個分
- プレーンヨーグルト……100mℓ
- カレー粉……小さじ2
- 塩……小さじ1と1/2
- コショウ……適量

ここがポイント！
カレー味のソースは保存性に優れ、材料を柔らかくする効果もある。においも薄くするので、安価な冷凍焼き鳥に使うとタンドリーチキン風味の焼き鳥が簡単にできあがる。

チリソース

材料
- トマトケチャップ……100mℓ
- オレンジジュース……大さじ2
- ウスターソース……大さじ1
- しょう油……大さじ1/2
- チリパウダー……適量

ここがポイント！
少し甘みを感じるオリジナル・チリソースなので、和風に感じる人がいるかもしれない。市販のチリソースならサルサソースが利用範囲が広く、アウトドア料理には適している。

3章 ダッチオーブン料理

煮込む、揚げる、蒸す、焼く。万能に調理をこなす魔法の鍋・ダッチオーブン。初めて使う人にもおすすめの人気メニュー13を紹介。

プレヒートについて

ダッチオーブンは、あらかじめ温めて予熱しておくことで、効率のよい調理ができる。こうした手順をプレヒートと呼び、温める温度は料理によって変わってくる。本書ではプレヒートの温度の目安を以下のアイコンで紹介している。

低温
かなり手が近づけられる（約120℃）

中温
ガマンして手が近づけられる（約150℃）

高温
手を近づけるだけで熱い（約180℃）

超高温
手を近づけられない熱さ（約200℃）

上火、下火について

ダッチオーブンは、フタの上にも炭や薪を置いて加熱することができる。こうして上と下から鍋全体を加熱することで、効率よく鍋全体に熱がまわる。本書では、上火と下火の火力を示すアイコンも紹介している。

下火（下から弱火）
下火だけで加熱する場合

上下火（下から弱火、上から強火）
上下から同時に加熱する場合

※紹介するレシピは、10インチまたは12インチのディープサイズのダッチオーブンを使うことが前提。

塩釜焼きのミートローフ

ダッチオーブンを使った塩釜焼きで「変顔ミートローフ」を作ろう！ 調理に少し手間はかかるが、ワイワイ遊びながら調理できるので子ども連れキャンプに最適。完成時には歓声が沸くゲーム感覚の料理である。

プレヒートの温度：低温
調理時間：1時間

材料（4～6人分）

＜材料A（塩釜）＞
- あら塩 …………… 1kg
- 卵白 ……………… 2個分
- 牛肉の薄切り ……… 300g

＜材料B＞
- 合いびき肉 …… 600g
- タマネギみじん切り ……… 小1個分
- パン粉 ………… 1カップ
- 卵 ………………………… 1個
- ナツメグ ……… 小さじ1/2
- 塩 ……………… 小さじ1/2
- コショウ ………………… 適量
- インゲン（塩水で下ゆで） ……………………… 14本
- ニンジン（平たく切って下ゆで） ……………………… 1本分
- ウズラのゆで卵 …… 12個以上

① 塩を練って塩釜の準備をする

ダッチオーブンに＜材料A＞を入れて練る。練った塩を握り、写真のように固まればOKだ。

② すき間なく牛肉を広げる

オーブンペーパーを40cmほど引き出して広げ、薄切り牛肉をすき間を作らないように広げながら並べる。

ダッチオーブン料理

3章

おいしさのコツ
ミートローフにかける タレは、ケチャップと 中濃ソースを合わせて 煮詰めた温かいタレが おいしい！

④ 野菜とタネで変顔を作る
②で広げた肉の上に適量の③のタネを置いたら、ヘタを取り去ったインゲンを、完成後の切り口で唇に見えるように置く。

③ ミートローフのタネ作り
適当な器に＜材料B＞をすべて入れ、粘りが出るまで丁寧にまぜればタネ作りは完了。

← p96へ続く

⑥ ウズラの卵で目玉を作る

次はニンジンの両脇に、ウズラのゆで卵を置いて目玉を作る。正直、私の工作は下手でお恥ずかしい。

⑤ 細切りしたニンジンで鼻を作る

手順④の上にタネを適量、長方形に重ねたら、細切りしたニンジンで鼻を作る。完成をイメージしよう。

⑧ 塩釜に入れる

プレヒートしたダッチオーブンに①で練った塩を1/3だけ敷き、包んだミートローフを入れたら残りの塩で覆う。

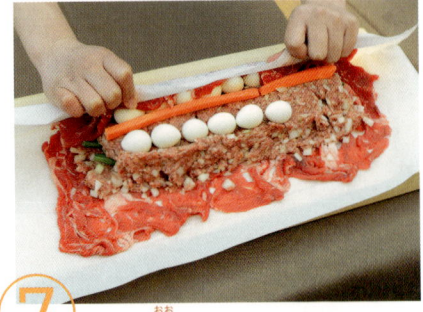

⑦ 全体を覆うように成形する

目玉の上にもタネを置いたら（写真は撮影の都合上タネなし）、オーブンペーパーを巻く。

⑩ 塩釜を割って取り出す

オーブンペーパーごと取り出して切り分けよう。好みのソースをつけて食べるとおいしさUP！

⑨ フタにも炭を置いて焼く

下から 弱火 / 上から 強火

ダッチオーブンのフタにも炭を置き、40〜60分焼く。塩が薄いキツネ色になれば焼きあがりの合図。

ワンポイント 敷いた薄切り牛肉で、ひき肉のタネを完全に包むことがキレイに仕上げるコツ。

ダッチオーブン料理

材料(4人分)

- 豚バラブロック肉 …………… 1本(約400g)
- 塩 …………………………… 適量
- 昆布だし …………………… 1ℓ
- 日本酒 ……………………… 大さじ2
- しょう油 …………………… 大さじ7
- 長ネギ ……………………… 1本
- ニンニク …………………… 2片
- ショウガ …… ニンニクと同量
- パイナップル ……………… 1/8個

① 豚バラブロックを大きめに切る

角煮なので少し大きく切ってもかまわない。大胆にブツ切りにしたら、薄く塩を振っておこう。

② 肉以外の材料を入れて加熱する

残りの材料すべてを適当に切り分けるなどして鍋に入れたら、煮汁がお風呂の温度程度になるまで弱火で加熱する。

下から弱火

③ 肉を加えて煮込み開始

カロリーダウンしたい場合は、焼酎などで肉を一度下ゆでしてから煮るとよい。フタをして弱火で2時間煮れば完成する。

下から弱火

おいしさのコツ

煮込む前の肉に薄く塩を振っておくと、肉のくさみが薄まる

トロピカルな豚バラの角煮

プレヒートの温度: 低温
調理時間: 2時間20分

パイナップルを使って煮るので「トロピカル〜」などと安易なタイトルにした。豚肉とパイナップルの組み合わせは肉を柔らかくするが、甘さは余り感じないので安心して調理してほしい。

スペアリブのパプリカ煮

ヨーロッパの家庭料理をアウトドア風にアレンジしている。ダッチオーブンの適度な加圧効果が、豚骨から旨味を引き出すと同時に肉を柔らかく仕上げてくれた。肉もスープも最高においしいスペアリブの煮込みだ。

① スペアリブに薄く小麦粉を振る
スペアリブに薄く塩をまぶしてから、小麦粉を振っておこう。

調理時間 35分
プレヒートの温度 低温

材料（4人分）
- 豚スペアリブ……………8本
- 小麦粉……………大さじ2
- バター……………20g
- ニンニク……………2片
- ベーコン……………200g
- タマネギ（大）……………2個
- 白ワイン……………200ml
- 水……………800ml
- パプリカ……………30g
- チリペッパー……………適量
- 塩……………適量
- コショウ……………適量

おいしさのコツ
骨から旨味を抽出する調理方法なので、必ず骨付き肉を使って調理したい

ダッチオーブン料理

② とかしバターで焼こう
下から弱火

低温にプレヒートしたダッチオーブンにバターをとかし、スペアリブとなじませる。

③ 火力を上げよう
下から中火

バターとスペアリブがなじんだら、ダッチオーブンの温度を上げて焼き色をつける。

④ コゲを落としながら焼く

ほどよい焼き色がついたら、食べやすく切り分けたニンニク、ベーコン、タマネギを入れ、鍋底のコゲを落とすように炒める。

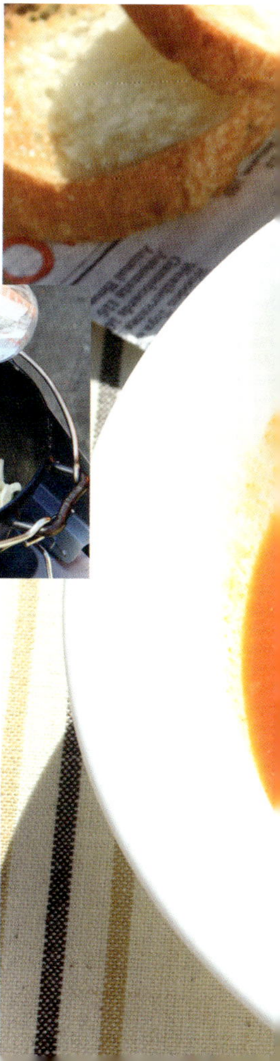

⑤ ワインで煮込む

タマネギの色が変わりシンナリしたら、分量のワインと水を入れる。

⑥ パプリカとチリペッパーも加える

全体をまぜたらフタをして約30分煮込む。水分が約1/3になったら塩、コショウで味をととのえて完成だ。

ワンポイント スープにトロミをつけるために小麦粉を使う。味はワインに大きく左右されるので、甘いワインや酸味の強いものは避けたい。

スペアリブのトマトワイン煮

ダッチオーブンで長時間煮込むほど柔らかくなるので、時間がある場合にオススメな料理だ。残った料理を翌日も楽しむ場合は、ダッチオーブンの鉄くささから守るために、面倒でも別の器に取り出して保存しておこう。

1 塩と小麦粉を振る
スペアリブに薄く塩を振ってから、小麦粉も全体にまぶしておこう。

2 バターで焼き色をつける
ダッチオーブンにバターをとかし、スペアリブに焼き色をつける。火を通す必要はない。

3 一度スペアリブを取り出す
ダッチオーブンに残ったバターでニンニクを炒めて香りを出したら、ベーコン、タマネギの順に加えて炒めよう。

4 スペアリブを戻して煮込み開始
ダッチオーブンにスペアリブを戻し、トマトの水煮、赤ワイン、水、チリパウダー（辛さは好み）を加えたらフタをして30〜40分間煮る。肉が柔らかくなったら塩とコショウで味をととのえて完成。

調理時間 1時間10分
プレヒートの温度 低温

材料（4人分）
- 豚スペアリブ ……… 8本
- 塩 ……… 適量
- 小麦粉 ……… 大さじ1
- バター ……… 20g
- ニンニク ……… 2片
- ベーコン ……… 200g
- タマネギ ……… 1個
- トマト水煮缶詰 ……… 1缶
- 赤ワイン ……… 200ml
- 水 ……… 400ml
- チリパウダー ……… 適量
- コショウ ……… 適量

ワンポイント 今回はダッチオーブンを使って調理したが、普通の鍋や圧力鍋でも調理可能だ。

ダッチオーブン料理

3章

おいしさのコツ

表記の調理時間は最低必要な時間。ゆっくり煮込むほどおいしくなるので、多めに作って翌日も楽しもう！

101

ハーブが香るローストポーク

ニンニクとハーブを肉に埋めて蒸し焼きにするが、ダッチオーブンと金属の中敷きを使えば簡単に調理できる。ダッチオーブンのプレヒートがとても大事な調理方法なので、プレヒートを確実にしておこう。分量の塩、コショウにレモンを絞ったタレで食べよう。

材料(4人分)
- 豚肉肩ロースブロック…1kg
- ニンニク……………1株
- 好みのフレッシュハーブ
  …………………2～3枝
- 塩………………小さじ1
- コショウ………小さじ1
- レモン…………1/2個

※ハーブはローズマリー、ミント、バジルなど。

プレヒートの温度：高温
調理時間：45分

1 高温にプレヒートする

❶ ダッチオーブンを火にかけ、高温にプレヒートする。
❷ その間に、肉の所々にナイフを突き刺して穴をあける。その穴に皮をむいたニンニクとハーブを埋めておこう。

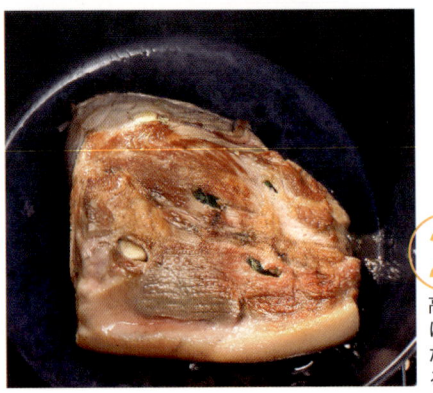

2 最初に焼き色をつけておく

高温にプレヒートしたダッチオーブンに肉を入れ、表面全体に焼き色をつけたら、一度火からダッチオーブンをおろして、肉を取り出しておく。

ダッチオーブン料理

おいしさのコツ
プレヒートは高温が不可欠。肉に焼き色をつけたら火からおろし、弱火にダッチオーブンをのせよう

③ 中敷きを入れたら肉を戻す

ダッチオーブンに中敷きを置いて肉を戻したら、今度は弱火にかけ、フタにも強火の火種を置いて40分焼く。肉の中心まで金串を刺して抜き、透明な肉汁が出ればOK。赤い肉汁ならもう少し焼く。少し冷ましてから切り分け、塩とコショウにレモンを絞ったタレで食べる。

下から 弱火 / 上から 強火

ワンポイント 高温調理なので手袋やトングを活用して、やけどに注意しよう。

豚バラと白菜の重ね蒸し

食材の水分だけで蒸し煮できる、ダッチオーブンの特徴を活用した無水料理。シンプルな塩とコショウの下味なので、好みのつけダレも楽しめるだろう。白菜の甘みと肉の旨みを最大限に引き出すダッチオーブン料理だ。

1 白菜→豚肉→白菜と重ねる

❶白菜の芯を取り除き、半分に縦割りにしたら10cmほどに切っておこう。
❷豚肉は広げて5cmほどに切ったら、プレヒートしたダッチオーブンに白菜→豚肉→白菜→豚肉の順に重ねる。

2 肉の上から塩、コショウ

白菜は根に近い(厚い白い)部分から敷き入れる。鍋底一面に白菜を敷いたら、豚肉同士が重ならないように白菜に重ね、軽く塩、コショウをする。

プレヒートの温度　低温
調理時間　25分

材料(4人分)
白菜	1/2把
豚肉の薄切り	500g
塩	適量
粗びきコショウ	適量
ポン酢	適量
粒マスタード	適量

ワンポイント 完成した白菜にザックリと切れ目を入れると食べやすくなる。

104

ダッチオーブン料理

おいしさのコツ
タレはポン酢と粒マスタードを好みの配合でまぜたモノをススメルが、レモンや*ワインダレもうまい！

④ 半分に減ったら完成
フタをして弱火で10〜15分蒸し煮にする。フタを開けて白菜が半量くらいに減っていたらできあがり。

③ 鍋一杯にしてフタ
白菜→肉→塩コショウの手順を繰り返し、ダッチオーブンから溢れるほどになったらフタをする。

ワンポイント ＊ワインダレの作り方は、赤ワイン大さじ4、しょう油大さじ2、レモン汁1/2個分を合わせて軽く煮きる。

しょう油味のからあげ鶏

"ザンギ"と呼ばれる北海道で人気のから揚げ料理を紹介する。今回は私的好みでむね肉を使ったが、もも肉など、から揚げ用の部位でも同じ方法で調理できる。ニンニクしょう油味のから揚げは、ビールにもご飯にも相性抜群！

材料(4人分)

<漬けダレの材料>
- おろしニンニク … 小さじ1
- しょう油 ………… 大さじ2
- 日本酒 …………… 大さじ3

- 鶏むね肉 ………………… 500g
- 卵 ………………………… 1個
- 小麦粉 ………………… 1/2カップ
- コショウ ………………… 適量
- サラダ油 ………………… 適量

プレヒートの温度: 中温
調理時間: 35分

ダッチオーブン料理

1 漬けダレで下味をつける

密閉袋に＜漬けダレの材料＞を入れてまぜたら、ひと口大に切った鶏肉を入れ（皮は好みで残しても外してもよい）、よくもみ込んで15分ほど寝かせよう。

2 衣も入れてなじませる

時間が来たら鶏肉を漬け込んだ袋に卵を割り入れ、小麦粉とコショウも加える。ココで全体に小麦粉がなじみ、とろみが出るまでよくまぜておこう。

おいしさのコツ
材料の小麦粉を片栗粉に変えると、よりシットリした食感に仕上がる。好みで選択して調理してみよう

3 まずはフタをして加熱

ダッチオーブンにサラダ油を適量入れたら中火で加熱。油が160度くらいになったら、②の肉を加えてフタをして中火で7〜8分揚げる。

下から中火

4 フタを外して仕上げる

仕上げにフタを外して2〜3分加熱。揚げ色が濃くなれば完成だ。写真のようなザルに入れて揚げると便利。

ワンポイント 残り油で冷凍フライドポテトを揚げよう。肉の風味がポテトに加わってうまさ倍増！

骨付き鶏のフルーツ煮

材料に果物やコーラを使っているので甘い仕上がりを想像するだろうが、そんな心配は無用！ サマーキャンプや暑い時期に最適な、トロピカル感覚の楽しい煮込み料理だ。

材料（4人分）
- 骨付き鶏もも肉 ………… 2本
- 塩 ……………………… 少々
- ジャガイモ ……………… 2個
- タマネギ ………………… 1個
- ニンジン ………………… 1本
- オレンジ ………………… 1/2個
- リンゴ …………………… 1/2個

＜煮汁の材料＞
- 水 ………………… 300ml
- しょう油 ………… 70ml
- コーラ …………… 100ml

調理時間 45分

プレヒートの温度 高温

1 骨付き鶏もも肉を切る
まず、肉に薄く塩をもみ込み、浮いてくる水分を拭き取ろう。さらに、もも肉の関節部分に包丁を入れてふたつに切り分ける。

2 焼き色をつけよう
ダッチオーブンを高温（180℃程度）にプレヒートしたら、もも肉を皮面から入れて焼き色をつけよう。油は不要！

（下から強火）

3 さらに野菜と果物を加える
ジャガイモとタマネギは皮をむき、ニンジン、オレンジ、リンゴは皮ごと、すべて大きく切って加える。

4 落としブタをして煮込む
一度鍋を火からおろして弱火にする。＜煮汁の材料＞を合わせて加えたら、落としブタとダッチオーブンのフタもして、約30分以上煮込んで完成。

（下から弱火）　落としブタ

ワンポイント 落としブタは、ダッチオーブンの中敷きにアルミホイルを巻くだけ（写真④参照）で簡単に自作できる。

ダッチオーブン料理

おいしさのコツ
骨から出る旨味成分がこの料理のキモなので、必ず骨付きのもも肉を使って調理しよう！

おいしさのコツ

ダッチオーブンと鶏のサイズは、ダッチオーブンが10インチなら800g、12インチなら1400gくらいが適切

鶏の丸焼き

プレヒートの温度 高温
調理時間 1時間15分

材料（4人分）
- 鶏……………………1羽
- ニンニク……………2株
- オリーブオイル……大さじ3
- 塩……………………小さじ1
- コショウ……………小さじ1

※楊枝も用意。

今回はダッチオーブンと鶏のサイズが合わず、恥ずかしながら鶏の背中を焦がしてしまった。ダッチオーブンのサイズと鶏の大きさが合わないと、焦げることを証明しました！ ナンチャッテ……。最初にダッチオーブンを高温にプレヒートしたら、弱火に落としてジックリ焼こう！

ワンポイント この料理もダッチオーブンは、ディープなタイプを使うことが前提のレシピである。

ダッチオーブン料理

1 鶏にニンニクを詰める

丸鶏を洗ったら、皮をむいたニンニクをお腹に詰める。分量を詰めたら、楊枝などでニンニクがこぼれないようにお尻を留めておこう。

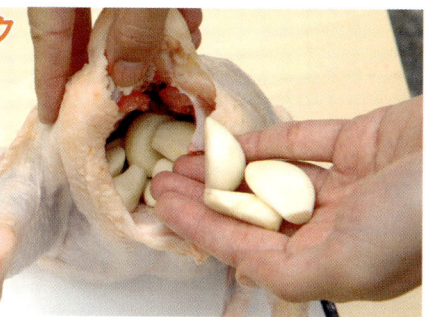

2 ハケを使って味つけしよう

分量のオリーブオイルと塩、コショウをまぜ合わせて丸鶏に塗ろう。ここでダッチオーブンのプレヒート開始。強火で高温（180〜200℃程度）にプレヒートする。この間に鶏に塩、コショウがしみるハズだ。

3 中敷きを入れてから丸鶏を置く

プレヒートを終えたら、弱火にして鶏を入れる。フタにも炭を置いて60分ほど焼けば完成。塩、コショウをつけながら食べてほしい。

下から 弱火 / 上から 中火

column 簡単でおいしい！フレンチドレッシング味

ここで紹介した料理は、フレンチドレッシングでも簡単に味つけできる。手順②に代えて、市販のフレンチドレッシングを1本かけるだけ。また、ダッチオーブンのサイズに余裕があれば、切ったジャガイモを入れるとつけ合わせが同時に完成する。

塩釜で焼きタイ

プレヒートの温度: 低温
調理時間: 1時間

材料(4人分)
- 塩 ………………… 1kg
- 卵白 ……………… 1個分
- サラダ油 ………… 適量
- タイ ……………… 1尾

塩釜焼きの代表的2品であるタイと牛タンの調理方法を紹介しよう。高級料理のイメージがある塩釜焼きも、ダッチオーブンで調理すれば予想以上に手軽にできる。焼きあがったら、塩釜にした焼き塩を少しつけて食べてみよう。

① 塩釜用の塩を練る

塩に卵白を少しずつ加えて、練るようにまぜるのがコツ。塩を握り、手の中で固まれば練りは完了だ。

牛タンの塩釜も簡単!

牛タンの塩釜焼きも作ってみよう。牛タンは皮をはいだモノを1本用意すると便利。調理方法はタイと全く同じだが、牛タンにはサラダ油を塗らなくてもいいのでさらに簡単。

少し冷ましてから薄く切り分け、塩気がキツイと感じたらレモンを絞ろう。

塩にほどよいコゲ色がつけば焼きあがりの合図。ナタなどで塩釜を割って取り出す。

ダッチオーブン料理

③ 均等に練り塩で覆う

塩は上下均一の厚さになるように覆う。軽く固めたらフタをして、上下弱火で焼く。塩に薄いコゲ色がつけば完成。

下から弱火　上から弱火

② 練り塩の上にタイを置く

ダッチオーブンの底に練った塩（半量以下）を均等に敷いたら、全面にサラダ油を塗ったタイを置く。

おいしさのコツ

タイは購入時に鮮魚店でウロコとワタを処理してもらえば包丁いらず！忘れずに頼みたい

ワンポイント　ダッチオーブンの底に敷く塩は、タイがのるスペースだけでもOKだ。

カブのほっこりグラタン

体を温めてくれる野菜、カブをたっぷり使って作るグラタンだ。面倒なホワイトソース作りは缶詰を利用して手抜きをするお気軽料理だが、味は自慢できる。

おいしさのコツ
チーズがとけてパン粉にコゲ目がついたら食べ頃

プレヒートの温度：低温
調理時間：45分

材料（4人分）
- バター ……… 10g
- ショウガ ……… 1片
- ニンニク ……… 1片
- 長ネギ ……… 1本
- カブ ……… 600g
- ブロッコリー ……… 1株
- 小麦粉 ……… 大さじ2
- 水 ……… 200mℓ
- 固形コンソメ ……… 1個
- ホワイトソースの缶詰 ……… 300g
- 塩 ……… 適量
- コショウ ……… 適量
- 食パン ……… 2〜3枚
- ピザ用チーズ ……… 60g

① 香りを引き出す
低温でプレヒートしたダッチオーブンにバターをとかし、刻んだショウガとニンニク、長ネギを炒めて香りを出す。
（下から弱火）

② 小麦粉でコーティング
皮をむいたカブとブロッコリーを、食べやすく切り分けて鍋に加える。さらに、小麦粉も加えて全体がなじんだら、水とコンソメも入れてフタをして弱火で20分煮る。
（下から弱火）

③ 缶詰のホワイトソースを入れる
ホワイトソースと塩、コショウで味をととのえよう。ホワイトソースは少なめに入れて、味見しながら決めるのがコツだ。

④ 食パンをちぎって鍋に入れる
ちぎった食パンとチーズをのせたら、フタをして上は強火、下は弱火で焼く。チーズがとけてパンに焼き色がつけば完成だ。
（下から弱火／上から強火）

ワンポイント　バターがコゲやすいのでプレヒートは弱火で低温にとどめよう。

フタこぶキャベツ

① キャベツの芯は取る

❶ ベーコンを1cm幅に切り、中温にプレヒートしたダッチオーブンで炒める。ベーコンから脂が出たら水を加えよう。
❷ 水が沸く間にキャベツとトマトをふたつに切り、芯とヘタを取る。

包丁使いが苦手な人でも大丈夫。キャベツとトマトをふたつに切るだけ！ まあ、4つに切っても問題ないけど。ダッチオーブンの加圧効果で蒸し煮にする簡単料理だ。

材料（4人分）
- ベーコン（脂が多い物）……250g
- 水……800mℓ
- キャベツ……1個
- トマト……4個
- 塩……適量
- コショウ……適量

プレヒートの温度：中温
調理時間：45分

② お湯が沸いたら煮込み開始！

❶ お湯が沸いたら準備したキャベツを入れ、まわりにトマトを置く。フタをして弱火で40分ほど煮込む。
❷ キャベツが柔らかくなったら、塩とコショウで味をととのえて完成。味見はスープですするとよい。

おいしさのコツ
味がしみ込みやすいように、キャベツには3〜4ヶ所に切れ込みを入れておこう

ワンポイント 野菜を食べる料理なので水は少なく煮ているが、スープ仕立てならコンソメを使おう。

ひとりで、ふたりで ワンバーナー「手軽&シンプル」クッキング

ONE BURNER

バックパッカーやサイクリスト、登山家たちが愛用するワンバーナーは、ファミリーキャンプでも手軽な卓上バーナーとして重宝する。ここでは軽装で出かけるソロやペアキャンプの調理に適した、シンプルなワンバーナー料理を紹介する。

ガイ・ヤーン

スイートチリソースを使ったタイ風焼き鳥だ。鉄製フライパンを使って調理したが、アルミ製でも調理可能。焼いた鶏肉とトマトに、タイのソースをかけるだけで完成する。

ONE BURNER
「手軽&シンプル」クッキング

調理時間 15分

1 鶏肉に下味をつける
鶏のむね肉に軽く塩とコショウを振り、全体にすり込んだら食べやすく切り分けておく。

2 オリーブオイルで焼く
フライパンにオリーブオイルを入れて加熱したら、鶏肉の両面をこんがりキツネ色になるまで焼く。
中火

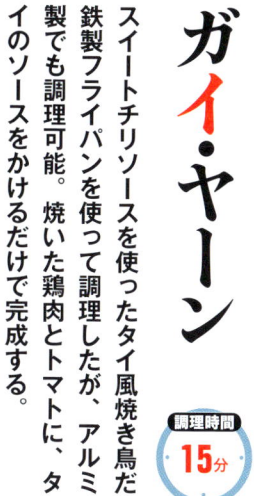

3 残り油でトマトも焼く
焼けた鶏肉を取り出し、同じフライパンでスライストマトの両面を焼く(オイル追加もOK)。焼けた肉とトマトにスウィートチリソースをかける。

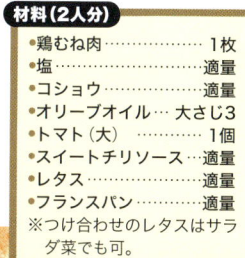

材料(2人分)
- 鶏むね肉……………1枚
- 塩……………………適量
- コショウ……………適量
- オリーブオイル…大さじ3
- トマト(大)…………1個
- スイートチリソース…適量
- レタス………………適量
- フランスパン………適量

※つけ合わせのレタスはサラダ菜でも可。

おいしさのポイント
肉とトマトを、つけ合わせの野菜とパンにはさんで食べると抜群にうまい!

ポテトのオムレツ

ONE BURNER
「手軽&シンプル」クッキング

主流のテフロン加工処理されたフライパンなら、料理経験が少ない人でも簡単にできるオムレツだ。18cm以下の小型フライパンで調理する場合は、1人分ずつ焼くと調理しやすいだろう。

調理時間 15分

材料(2人分)
- ジャガイモ……………1個
- ベーコン………………4枚
- 塩…………………適量
- コショウ………………適量
- 卵…………………4個
- バター…………………20g
- ケチャップ……………適量

1 シャキシャキ感を出す
皮をむいたジャガイモを5mm角に切って水にさらしておく。

2 ベーコンを炒める
フライパンを中火で加熱したら、細かく切ったベーコンを炒める。

中火

3 ベーコンの脂で炒める
ベーコンの脂が出てきたら、水気を切ったジャガイモも加えて炒め続ける。

> **おいしさ**のポイント
> 好みでケチャップを使おう。砂糖としょう油を写真 4 で適量追加すると卵丼風になる

卵とバターを加えたら弱火
ジャガイモが好みの固さになったら、塩とコショウをした溶き卵とバターをフライパンに入れる。ここで弱火にして全体をゆっくりかきまぜる。

4

5

皿をかぶせて取り出す
フタをして卵が少し固まったら、フライパンに盛りつけ用の皿をかぶせ、皿とともに一気に裏返してできあがり。

中火 ▶ 弱火

おいしさのポイント
炒めにくい場合は少量の水を加えよう。また、刻みパセリを振ると栄養バランスがよくなる

ポテトチップスの ベーコン炒め

調理時間 15分

ポテトチップスを手早く炒めよう。パリパリの食感とシットリした歯ざわりが、口の中でまざり合うのが新鮮な料理になっている。面白料理なので調理中も楽しいが、ポテトチップスは奇をてらわずシンプル塩味がイイ！

ONE BURNER
ワンバーナー
「手軽&シンプル」クッキング

1 油は使わずに炒める
① ベーコンは2cm、タマネギは串形に切っておく。
② フライパンを充分に熱したら、ベーコンを炒める。

弱火

2 脂が出たらタマネギを
ベーコンから脂が出てきたら、タマネギを加えて炒め続ける。

3 ポテトチップスを加える
タマネギが柔らかくなったらコショウをたっぷり振り、ポテトチップスも加えて手早くまぜる。ポテトチップスは一度に全部入れず、数回に分けて入れるとよい。

4 パリッ&しっとり、半々が目安
ポテトチップスをこぼさないように炒め、ポテトチップスの半分ほどがシンナリしたら完成だ。

材料(2人分)
- ベーコン……………………… 3枚
- タマネギ(小)………………… 1/2個
- コショウ……………………… 適量
- ポテトチップス(塩味)… 60gくらい

うまいベーコンエッグ

調理時間 10分

材料(2人分)
- ベーコン……………4枚
- 卵(M)………………4個
- 水……………………50mℓ
- 塩……………………適量
- 粗びきコショウ……適量

多くの人が卵の黄身は半熟焼きを好むようだが、この焼き方なら黄身がかたくなっても確実においしい目玉焼きが料理できる。だまされたつもりでかた焼きの黄身をお試しあれ！

ワンポイント ベーコンを使わない目玉焼きも同じ調理方法がうまい。ゼヒかた焼き卵を1度は食べて！

ONE BURNER
ワンバーナー
「手軽&シンプル」クッキング

ベーコンの脂で焼く

テフロン加工のフライパン（加工のないフライパンはサラダ油をひく）を加熱したら、ベーコンを入れて片面を焼く。

1 中火

2

静かに優しく卵を割り入れる

片面を焼いたベーコンを裏返したら、ベーコンに卵をのせるように割り入れる。卵に衝撃を与えないようにできるだけ低い位置で割ること。やけどに注意！

おいしさのポイント
卵はやけどに注意してなるべく低い位置で割り入れ、黄身に衝撃を与えないことが肝心だ

卵でベーコンを覆う

写真のように卵がベーコンにかぶされば上出来。1人前Mサイズの卵2個見当で調理している。

3

4 弱火

フタをして蒸し焼きにする

火力を弱火にしたら水を50mℓほど加え、フライパンにフタをする。フライパンの水分がなくなるまで蒸し焼きにすれば完成。塩、コショウを振って温かいうちに食べよう。

ONE BURNER ワンバーナー 「手軽&シンプル」クッキング

もずくのジューシー(雑炊)

呑みすぎたキャンプの朝には、健康的な食事が必要になる!? 沖縄には海草のアーサーやヨモギとツナなどのジューシーと呼ばれる雑炊があるが、入手しやすく体に優しいもずくを材料に調理した。

1 油を使わずに炒める
適当な鍋で汁ごとのツナと薄切りにしたニンジン、株分けして食べやすくしたシメジを炒める。(弱火)

2 だし汁を入れて沸騰させる
だし汁を入れたら中火にして沸騰させ、ニンジンとシメジが柔らかくなるまで数分煮る。(中火)

おいしさのポイント
だし汁は、カツオと昆布をミックスした「だしの素」を水に溶かして使うと、最高においしくなる。

調理時間 15分

材料(2人分)
- ツナ缶………1/2缶分
- ニンジン………1/4本
- シメジ………1/4パック
- だし汁………500mℓ
- ご飯…………1膳分
- もずく………150g
- 塩………小さじ1/2
- 刻みネギ………適量

3 洗ったご飯を加える
完成時の粘りを少なくするために、事前にご飯を流水で洗ってから2の鍋に加えよう。(中火)

5 もずくを入れて味つけ

洗ったもずくを食べやすく切って加える。ひと煮立ちさせたら、塩で味をととのえて完成。器に盛ったら刻みネギを散らして食べよう。

4 ご飯が2倍にふくらんだら

中火 → 弱火

中火で沸騰させて、ご飯粒が写真のように2倍くらいにふくらむまで煮たら弱火にしよう。

ワンポイント 盛りつけてから卵黄を落としたり、味つけにしょう油を使うのもおいしい。

エビのガーリック炒め

おもな調理は漬け込むこと！ワインやビールと相性がよい手軽なつまみだ。軽く炙ったフランスパンとチーズを用意すれば、一品料理ですませることも可能。

おいしさのポイント
チューブ入りおろしニンニクを使えば、ナイフ不要の簡単料理になる

材料(2人分)

＜漬け込み液の材料＞
- ニンニク……………… 2片
- 塩 ……………… 小さじ1/2
- 白ワイン ………… 大さじ2
- オリーブオイル … 大さじ2
- コショウ ……………… 適量
- むきエビ……………… 250g

1 エビの漬け込み液作り
ニンニクを細かく刻んだら、ほかの＜漬け込み液の材料＞すべてと合わせる。

2 1時間以上漬け込む
むきエビを、1の液に1時間以上漬け込む。この間、夏季はクーラーボックスに入れるとよい。

3 フライパンで炒め煮る
中火で加熱したフライパンに漬け込み液ごとエビを入れたら、水気が飛ぶまで炒め煮にすれば完成だ。

調理時間 1時間5分

ワンポイント おろしニンニクを使う場合は、香りが強いのでごくわずか使うとよい。

紫蘇(しそ)サラダうどん

ONE BURNER ワンバーナー
「手軽＆シンプル」クッキング

うどんをスパゲティに代えると、同じ調理方法で手軽なパスタ料理が完成する。材料にトマトを追加する場合は、トマトとツナの相性が悪いのでニンニクを少量使って調理しよう。

材料(2人分)
- 冷凍うどん……………2人分
- タマネギ(小)…………1個
- キュウリ………………1本
- レタス…………………適量
- マヨネーズ……………大さじ3
- ツナ缶(小)……………1缶
- しょう油………………小さじ2
- ゆかり粉………………小さじ2

調理時間 10分

1 うどんをゆでる
冷凍うどんが解凍されていても一度熱くしよう。タマネギとキュウリは薄切り。レタスは食べやすくちぎっておく。

中火

2 タマネギなどをまぜる
うどんが熱くなったら湯を捨て、スライスしたタマネギとキュウリをまぜる。

3 まぜればできあがり！
残った材料(レタス以外)をすべて加えて、まぜ合わせれば完成。レタスを敷いた皿に盛りつけて、レタスと一緒に食べよう。

おいしさのポイント
辛いタマネギは、しばらく水にさらすと辛みが抜けるので必要に応じてやろう

ワンポイント ツナ缶の煮汁はよく切っておくと不要なくさみが抜ける。

ポテトチップス入り インスタント味噌汁トン汁もどき

ONE BURNER
ワンバーナー
「手軽＆シンプル」クッキング

調理時間 **3分**

調理と呼べるようなことは何もしない、恥ずかしいくらいに簡単なインスタント味噌汁のアレンジ方法だ。インスタント味噌汁を1パック購入して、味にあきたら試してみよう。

材料（1人分）
- インスタント味噌汁……1人分
- ポテトチップス（塩味）……適量

1 味噌汁を金属カップに出す
シェラカップなどの金属カップ（2重構造は不可）に、インスタント味噌汁を出す。生味噌タイプがうまいと思う。

2 水を注いで沸騰させる
（中火）
水を規定量より少し多めに入れて、中火のバーナーにかけて味噌汁を作る。吹きこぼれに注意！

3 ポテトチップスを加える
熱くなった味噌汁に、砕いたポテトチップスを加えてまぜれば完成だ。少し待っているとトン汁のようなコクが出てくる。

おいしさのポイント
塩味のポテトチップスが基本だが、好みの味で変化をつけよう

128

4章 フライパン料理

フライパンひとつで手軽にできる19メニュー。焼く、煮る、蒸すなどの調理から、カレー、タコス、ピザ風など多彩な料理が生まれる。

ネギ風味の蒸し肉

おいしさのコツ
牛脂が好きなら、サーロインなど脂肪の多い部位を選択しよう

調理時間 20分

ステーキ肉を健康的においしく食べる調理方法。材料を薄切り肉に代えて調理すれば、さらに短時間で調理完了なので、燃料消費も少ないエコな料理になるだろう。

① 肉を蒸しあげよう
中火

適当な鍋に水を入れ（蒸し器にかぶらない程度）、簡易蒸し器をセットする。蒸し器に肉をのせたらフタをして、中火で水から15分蒸す。

② 蒸す間にネギ油を調理
中火

フライパンにゴマ油を入れて加熱。そこへ2cm幅に斜め切りした長ネギを入れて炒める。ネギがシンナリしたら火を止め、しょう油をたらす。

材料（4人分）
- 牛ステーキ肉………4枚
- ＜ネギ油の材料＞
  - ゴマ油………大さじ4
  - 長ネギ………4本
  - しょう油………大さじ2

③ ネギ油をかけて完成！
蒸し肉を切り分けて皿に盛り、熱々のネギ油をかけて食べよう。

ワンポイント 同じ調理方法で豆腐（畑のお肉）の蒸し料理もできる。

フライパン料理

肴になる肉味噌

② 昆布だしの素を加える
肉の水気が飛びパラリとした感じになったら、昆布だしの素を入れて全体になじませる。これで味に深みが増す。

① 牛肉をパラパラに炒める
フライパンにサラダ油をひき（テフロン加工なら省略可）、加熱して肉を炒める。中火で肉がパラパラになるまで炒めよう。

③ 調味料を加えて完成
弱火にして砂糖、日本酒、味噌の順番で加えてまぜ合わせよう。酒の水気が飛んだら完成。チコリなど好みの葉物に包んで食べよう。

甘辛でおかずのイメージが強い肉味噌だが、野菜にのせて食べたらアウトドアでも万能料理になった。大人は酒のつまみに！ 子どもはご飯のおかずになる味つけだ。

調理時間 15分

材料（4人分）
- サラダ油……………………大さじ1
- 牛ひき肉……………………200g
- 昆布だしの素（顆粒）
  ………………………………小さじ1/4
- 砂糖……………………………30g
- 日本酒…………………………60mℓ
- 味噌……大さじ1くらい（適量）
- チコリなどの葉物野菜……適量

おいしさのコツ
味噌は塩分量で使用量が変わる。味見をして少し甘めに仕上げよう

ワンポイント チコリの代わりにサラダ菜、キャベツ、レタスなどの葉物でもおいしい。

アップルソースのポークソテー

リンゴを皮付きのまま煮たので、見た目も可愛いアップルソースに仕上がった。今回はリンゴの形が残る程度の煮込み時間で仕上げたが、長時間煮ればジャムのようにすることも可能だ。あなた好みのリンゴソースに料理してみよう！

調理時間 30分

材料(4人分)
- 豚ロース肉(ソテー用)……4枚
- 塩……………………………適量
- コショウ……………………適量
- サラダ油………………大さじ2
- バター……………………20g
- リンゴ………………………1個
- 砂糖……………………大さじ1
- 白ワイン………………100mℓ
- レモン汁……………1/2個分

フライパン料理

①肉の筋を切ろう

豚肉の両面に塩、コショウを軽く振ったら、包丁で筋切りをする。

②肉を焼き、一度取り出す

フライパンにサラダ油を入れて弱火で加熱。肉の両面をコガさないように焼く。肉に火が通ったら、フライパンから一度取り出しておこう。

おいしさのコツ

火力は弱火を保ち、バターやリンゴをコガさないように！ 肉の焼きすぎも注意したい

③アップルソースを作る

肉を取り出したフライパンにバターをとかし、薄切り（皮付き）のリンゴを焼く。リンゴにバターがなじんだら砂糖、白ワイン、レモン汁の順に加えて、リンゴがアメ色になるまで煮つめる。

④肉とソースを合体させて温める

リンゴを好みの時間煮込んだら、取り出しておいた肉をフライパンに戻して合わせよう。フタをして肉が温まるまで5分ほど蒸し煮にすれば完成。

柔らかい豚ヒレ肉のマスタード焼き

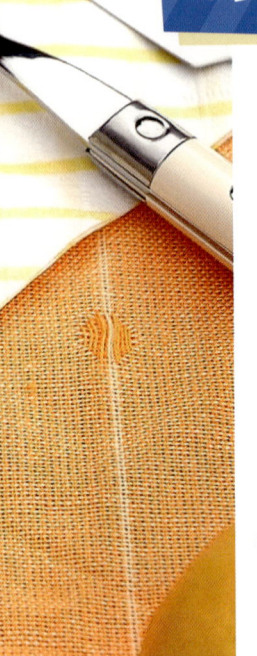

材料(4人分)
- 豚ヒレブロック肉 ……… 1本
- 塩 ……………………… 適量
- コショウ ……………… 適量
- パセリ ………………… 3枝
- バジル ………………… 適量
- バター ………………… 40g
- 粒マスタード ……… 大さじ2

調理時間 15分

香草を使って、アッサリしたヒレ肉を野趣豊かに料理した。ここでは肉を叩いて使っているが、叩いたことで流出しやすくなる肉汁は、ソースに取り込むように調理した。肉叩きハンマーは、川原の石などで代用するのも楽しい。

1 肉を叩いて広げる

ブロック肉を約3cm幅に切り分けたら、全体に薄く塩、コショウをしてから叩く。力を加減しながら2〜3倍の面積に広げよう。

2 香草をなじませる

叩いて広げのばした肉の両面に、みじん切りのパセリとバジルをつけ、肉になじませるように指先で押さえておこう。

column 叩くことで流失する旨味

肉が柔らかい=うまい、という最近の風潮には違和感を覚える。肉を柔らかくするために叩けば旨味成分の肉汁が流れ出やすくなることを知っておこう。ココで紹介した料理のように、流れ出る肉汁も取り込むような調理方法以外なら、肉は叩かない方がおいしく、味わい深く食べられるのだ。

フライパン料理

④ ソースとともに肉を焼く

ソースがなじんだら肉を焼く。弱火から中火程度の火力で、コガさないように注意して焼けば完成。皿に盛りつけ、フライパンに残ったソースをかけて食べよう。

おいしさのコツ

材料のバターをオリーブオイルに代えると、風味が変わりさらにヘルシーに仕上げることもできる

③ マスタードバターのソース

弱火にかけたフライパンにバターを入れてとかしたら、粒マスタードを加えてまぜ合わせればOKだ。

揚げないトンカツ

おいしさのコツ
材料から卵を除けば、冷めてもパリッとした食感が残る一品に

薄切り肉を使って、少ない油で焼き揚げるミラノ風カツレツもどきを作ろう。材料にお麸を使ってサクサクした食感を強調している。アウトドアでもとんかつは食べられるのだ！

調理時間 **30分**

材料（4人分）
- 豚ロース薄切り肉……8枚
- 塩……適量
- コショウ……適量
- 片栗粉……大さじ1
- 麸（砕いたもの）……大さじ1
- 卵……1個
- パセリ……1枝
- パン粉……2カップ
- サラダ油……大さじ3〜4

① 薄切り肉を丁寧に開く
薄い肉を開いたら、両面に薄く塩、コショウを振る。さらに片栗粉と砕いたお麸をまぜ合わせて、肉の両面にまぶしておこう。

② 衣をつけよう
溶き卵にみじん切りにしたパセリをまぜ合わせたら、①の肉をくぐらせよう。さらにパン粉を全体に押しつけたら、余分なパン粉を落として準備完了。

③ 少ない油で焼き揚げる（中火）
❶フライパンにサラダ油を入れ中火で加熱したら、②で準備した肉を焼く。フライ返しを使って両面をコンガリ焼こう。
❷皿に盛り、塩とコショウを同量合わせたモノと、レモンを絞って食べる。

ワンポイント とんかつとパセリを同時に食べると、完璧な栄養バランスになるので衣に使っている。

フライパン料理

昆布茶で煮る豚のバラ肉

材料（4人分）
- 豚バラブロック肉 ………… 500g
- ＜煮汁の材料＞
  - 昆布茶 ………… 小さじ1
  - しょう油 ………… 100mℓ
  - 日本酒 ………… 100mℓ
  - 豆鼓醤（辛くしたい場合は豆板醤） ………… 大さじ1
  - 水 ………… 600mℓ

焼き方のコツ
仕上げの炙りを炭火でやれば、おいしさUPと同時にカロリーダウンも可能

① 肉の繊維を断ち切る
ブロック肉を横方向に7〜8mmの厚さに切り分ける（写真参照）。

② 肉を煮て味をつける
フライパンに切り分けた豚肉と、＜煮汁の材料＞すべてを入れたら弱火にかけよう。水から煮始め12分間煮る。

（弱火）

③ 焼いて仕上げる
❶ 煮込みを終えたら肉を取り出す。煮汁はタレにするので捨てないこと！
❷ フライパンをキレイにして、煮込んだ肉を弱火で焼く（炭焼きもうまい！）。焼き色がついたら野菜を敷いた皿に盛り、煮汁をかければ完成だ。

（弱火）

煮込んでから焼くので少し面倒に感じるかもしれないが、事前に煮込んでアウトドアに出発すれば、キャンプサイトでは炙るだけで調理完了。深みのある香ばしい焼き肉が即食卓に登場する。

調理時間 20分

ワンポイント 今回は少し歯ごたえのある厚切り肉を使ったが、薄切り肉でもおいしくできる。

豚肉のうめぇ〜味噌煮

① ブロック肉を切る

ブロック肉を横半分に切ったら、繊維に沿うように5mmほどの厚さに切る（写真参照）。

フライパンひとつで調理できるからアウトドアはもちろん、家庭料理にも応用できる。材料のブロック肉を薄切り肉に代えれば、さらに簡単な時短料理だ。

材料（4人分）
- 豚バラブロック肉……500g
- 昆布だし汁…………600ml
- 梅干し（大）……………5個
- 日本酒……………大さじ2
- 赤味噌…………………50g

② 材料を合わせて煮汁を作ろう

フライパンに昆布だし汁（だし汁の素を水で溶いたものも可）と、つぶした梅干し、日本酒、赤味噌を入れてまぜ合わせる。

調理時間 15分

③ 低温から煮込み開始

薄切りにした肉を煮汁に入れ、落としブタをして弱火で10分煮ればOK。煮込みすぎは肉を固くするので煮込み時間は厳守したい。

弱火

煮込みのコツ
煮汁が冷たいうちに肉を入れ、弱火でゆっくり加熱するとおいしくなる！

ワンポイント 薄切り肉を購入した場合の煮込み時間は7分間が基準。

138

フライパン料理

ポーク・チリビーンズ

ルーツはアメリカ西部開拓時代にまで遡ることができる、アウトドア料理の元祖的存在だ。長い間キャンパーたちに愛されている作って楽しく、食べておいしい豆料理を覚えよう!

煮込みのコツ
ベーコンから塩分が出るので、味つけの塩とコショウは必ず最後にしよう!

① ベーコンとタマネギを炒める
サラダ油を入れたフライパンを弱火で加熱して、1cmほどに切ったベーコンを炒める。ベーコンの脂が出たら半月切りのタマネギも炒める。

弱火

② 豆と肉も加えて炒めよう
タマネギがしんなりしたら、弱火のまま、食べやすく切った肉と水煮の大豆も加える。砂糖とチリパウダーも加えたら、全体をまぜながら炒め続ける。 

③ トマトの水煮も加えよう
ベーコンの脂が全体にまわったら、トマトの水煮と同量の水を入れて20分ほど煮る。全量が2/3程度に減ったら、塩とコショウで味をととのえて完成。

材料(4人分)
- サラダ油 …………… 大さじ1
- ベーコン …………… 200g
- タマネギ …………… 1個
- 豚ロース切り落とし肉 …… 200g
- 大豆の水煮缶詰 …………… 2缶
- 砂糖 …………… 小さじ1
- チリパウダー …… 小さじ1/2
- トマト水煮缶詰 …… 1缶(400g)
- 水 …… トマト水煮缶詰と同量
- 塩 …………… 適量
- コショウ …………… 適量

調理時間 30分

ワンポイント　今回はベーコンを「ダシ」としても使っている。ベーコンを使わない場合は、コンソメを使ってほしい。

豚肉のトマト煮込み

ワインやフランスパンとの相性は抜群！ このままパスタソースにしてもおいしいだろう。応用範囲が広いので、アウトドアではとても便利な煮込み料理だと思う。ヘルシーなヒレ肉を使った、イタリアンテイスト満点のトマト煮込みを作ってみよう。

材料（4人分）

- 豚ヒレ肉ブロック……400g
- 塩……適量
- コショウ……適量
- オリーブオイル……大さじ3
- ニンニク……2片
- タマネギ……1個
- トマト水煮缶詰……1缶
- オレガノ粉……小さじ1/4
- バジル粉……小さじ1/2

調理時間 30分

煮込みのコツ

トマトを煮込むときは、弱火のゆっくり加熱が大切。火力に注意すれば甘みのあるおいしいソースになる

フライパン料理

① ブロック肉を切り分ける

ブロック肉を約1cm幅に切ったら、両面に軽く塩、コショウを振っておこう。

② 肉に焼き色をつける

フライパンにオリーブオイル大さじ1を入れ、中火で加熱したら①で下味をつけた肉の両面を焼く。焼き色がついたらフライパンから一度取り出しておこう。

③ 同じフライパンでソースを作る

肉を取り出したフライパンに、残りのオリーブオイルを追加したら、弱火でみじん切りのニンニクとタマネギを炒める。タマネギの色が変わったら水煮トマトも加え、オレガノ粉とバジル粉も振り入れよう。

④ 肉を戻して完成させる

弱火のままコトコト煮詰め、フライパンの中身が2/3程度まで煮詰まったら、塩とコショウで味をととのえよう。ここで取り出しておいた肉をフライパンに戻し、肉が温まれば完成だ。

ワンポイント フライパンに戻した肉は時間をかけて煮込まないこと！ 盛りつけ後に、刻みパセリを散らすと見た目と栄養面で効果的。

おでん風豚すき焼き

豚肉を使ったすき焼き味の鍋に、おでんの具材を追加して食べ応えのある料理にした。大食い諸兄の集まるアウトドア・パーティーに最適な鍋だが、カロリーダウンもできているので、ダイエットを気にする女子にもおススメできるスキヤキ風の鍋になっている。

① 割り下などを準備する

❶ 味の決め手になる割り下は、適当な鍋に＜割り下の材料＞を合わせ、弱火で沸騰させればOK。
❷ しらたき、はんぺん、ちくわぶ、野菜類は食べやすく処理しておこう。

② 最初に肉を焼く！

鍋にラード、またはサラダ油をひいて加熱したら肉を焼く。焼き色がついたら鍋の隅に寄せておく。

弱火

調理時間 40分

材料（4人分）

＜割り下の材料＞
- 砂糖 ………… 1/2カップ
- しょう油 ……… 120mℓ
- 日本酒 ……… 120mℓ
- 水 …………… 600mℓ
- しらたき ……… 1パック
- はんぺん ……… 4枚
- ちくわぶ ……… 1本
- 長ネギ ………… 2本
- キャベツ ……… 1/4個
- ホウレン草 …… 1束
- エノキ ………… 1パック
- シメジ ………… 1パック
- ラードまたはサラダ油
　　　　　　　　約10g
- 豚肉（すき焼き用など）
　　　　　　　　350g
- 餅入り巾着 …… 4つ
- がんもどき …… 1袋
- 卵 …………… 4個

③ ほかの材料も加える

鍋にキャベツを入れたら、ほかのすべての材料（卵を除く）も入れる。豚肉としらたきが隣合わせだと肉が固くなるので離しておくこと。

④ 割り下を加える

ここで割り下を入れて煮始め、火が通って味がしみた食材から食べる。好みだが、溶き卵につけてスキヤキ風に食べてほしい。はんぺんの煮すぎには注意して！

ワンポイント 肉をラードで焼くとコクは出るが高カロリーになり、サラダ油ならあっさりヘルシー仕立てになる。

フライパン料理

4章

煮込みのコツ

材料のはんぺんは、煮込みすぎると旨味を失う。食べる5分前くらいに加えるとおいしく食べられるだろう

② フライパンで鶏肉を焼く

フライパンにオリーブオイルを入れ、弱火で加熱したら①の肉を焼く。鶏肉に火が通ってキレイな焼き色がついたら、弱火のままバルサミコ酢も加え全体に絡めて完成。

① 下味をつけて焼く準備をする

鶏むね肉をひと口大（約2cm角）に切ったら、塩とコショウを振り、さらに全体を包むように小麦粉をまぶしておこう。

イタリアンな焼き鳥

フライパン調理なので、忙しい大人数のアウトドア・パーティーでも重宝する。イタリアのバルサミコ酢を使った、まろやかな味わいが特徴の串を使わない焼き鳥だ。

材料（4人分）
- 鶏むね肉 ………… 2枚
- 塩 ………………… 適量
- コショウ ………… 適量
- 小麦粉 …………… 大さじ2
- オリーブオイル … 大さじ1
- バルサミコ酢 …… 大さじ1

調理時間 15分

焼き方のコツ
安価なバルサミコ酢は、1/2くらいまで煮詰めてから使うとグンとおいしくなる

ワンポイント 鶏肉を焼きすぎると固くなるので注意しよう！

フライパン料理

爽やかハーブが香る ササミのはさみ焼き

材料（4人分）
- 鶏ササミ肉……4枚
- 塩……適量
- コショウ……適量
- パセリ……適量
- バジル……適量
- ローズマリー……適量
- オレガノ……適量
- 万能ネギ……1/3束
- バター……20g

※楊枝を用意。

焼き方のコツ
肉を焼く前に薄く小麦粉をつけると、さらに焼き色がキレイに仕上がる

トマトソースを添えたり、パスタに合わせても旨いフライパン料理だ。材料表のハーブはすべて揃えなくても大丈夫！ 好みのハーブを気ままに楽しんで焼いてみよう。

① ササミを2倍に広げる
ササミの面積が2倍になるように、包丁を入れて開く。開いた面に軽く塩、コショウを振っておこう。

② 好みのハーブを包む
①のササミにみじん切りのパセリと好みのハーブを少量置いたら、7～8cmに切り揃えた万能ネギをのせ（写真参照）、肉を2つ折りにして端を楊枝でとめる。

③ フライパンでバター焼き
フライパンにバターを入れたら弱火にかける。バターがとけたら②の肉を入れて焼く。フタをして両面をコンガリ焼けば完成だ。

弱火

調理時間 **20分**

ワンポイント ハーブは少しずつ使うのが基本。特にドライ（乾燥）ハーブの使いすぎは、香りが強くなりすぎるので注意しよう。

② マリネ液に漬けてもむ

マリネ液にラム肉を漬けてもみ込んだら、常温で30分ほど寝かせる。

① ラムを漬けるマリネ液作り

＜マリネ液の材料＞をすべて合わせ（ミントはフレッシュな葉を叩いて香りを引き出す）、丁寧にまぜ合わせてマリネ液を作っておく。

爽やかな串焼きラム

好き嫌いがハッキリ分かれるラム肉を、ハーブ＆バーボン風味の串焼きにした。豊かな香りのアジア屋台風味が特徴だ。ラム肉には慣れない人も多いと思うが、ヘルシーな肉なのでゼヒ試してほしいと願う。

材料（4人分）

＜マリネ液の材料＞
- オリーブオイル……100mℓ
- ローズマリー……ひとつまみ
- ミント（フレッシュ）……適量
- 塩……小さじ2
- コショウ……小さじ1
- ラム肉……600g
- バーボン……大さじ1

調理時間 45分

おいしさのコツ

フライパン焼きを炭火のアミ焼きに代えれば、カロリーダウンも簡単！さらにヘルシーな料理にできる

フライパン料理

4 バーボンの香りも追加

③のフライパンにバーボンを入れて炎をあげる。アルコールを飛ばして風味をつける「フランベ」だ。顔を火に近づけないよう、やけどには注意！さらにフタをして蒸し焼きにすれば完成。

3 串を打って焼く

弱火

漬け込みが終わったラム肉に串を打って屋台風にする。次に弱火で加熱したフライパンで串刺しのラムを焼く。オイル漬けにしてあるので油は不要だ。肉に軽く焼き色をつけておこう。

ワンポイント 炭火焼きの場合は、煙が香りをつけてくれるのでバーボンフランベは不要。

ニンニクが香る アサリの酒蒸し

ニンニク風味がきいたアサリのつまみだが、酒をたっぷり使って調理するので呑兵衛(のんべえ)さんには叱(しか)られるかもしれない。しかし、煮汁まで飲み干してしまうおいしさなので、材料にした酒は胃袋に戻るハズだ。アサリが旬の春キャンプに最適。

おいしさのコツ
日本酒は強火で完全に煮きったほうがおいしい。特に子どもも食べる場合は、丁寧にアルコール分を飛ばそう

中火

① アサリを炒めることから始める
Ⅰ 潮干狩りのアサリなら塩水につけて砂を吐かる。パック詰めなら洗っておこう。
Ⅱ 加熱したフライパンにアサリを入れて乾煎(からい)りする。そこへニンニクを加え、香りが出るまで炒める。

② 日本酒を入れて煮る
アサリの殻が乾いたら日本酒を加えて煮たたせる。酒と水を半々に薄めて使ってもOKだが、少し味は落ちるだろう。

調理時間 5分

材料(4人分)
- 殻付きアサリ……… 400g
- おろしニンニク…… 小さじ1
- 日本酒…………… 180mℓ
- しょう油………………適量

ワンポイント 油を使わず、殻を乾煎りして香りを出そう！

フライパン料理

> **column**
> **簡易蒸し器で
> アサリを蒸す方法も**
>
> 適当な鍋に日本酒を入れたら、折りたたみ式簡易蒸し器をセット。そこへアサリと刻んだ万能ネギを入れ、フタをして加熱沸騰させる。アサリの口が開いたら塩、コショウ、レモン汁などで味をつけて完成だ。

③ 塩やレモン汁もうまい

アサリの口がすべて開いたら、しょう油を加えて完成。塩やレモン汁で味つけしてもおいしい。

シーフードカレー

調理時間 30分

キャンプで大人気のカレーライス。魚介類を使った豪華なシーフードカレーを、アッという間に料理して仲間を驚かせよう！ワインで煮る本格カレーだが、市販のルウを使っているので手軽に調理できる。

弱火 → 超弱火

1 野菜のカレールウを作る

❶ タマネギを串形、ニンジンは食べやすい薄切り、ニンニクは叩きつぶしてみじん切りにしておく。

❷ 鍋にオリーブオイルを入れたらニンニクを炒める。続いてニンジン、タマネギを炒めて水を加える。少し煮てニンジンが柔らかくなったら、カレールウを入れて超弱火にしておこう。

ワンポイント 材料に冷凍シーフードミックスを使えば、さらに簡単にできる！

フライパン料理

材料(4人分)
- タマネギ……………1個
- ニンジン……………1/2本
- ニンニク……………1片
- オリーブオイル… 大さじ1
- 水………………600mℓ
- 市販のカレールウ 6皿分
- バター……………大さじ1
- エビ(大きめの物)……4尾
- イカ………………1/2杯
- ホタテの貝柱………4個
- アサリ……………1パック
- 白ワイン…………200mℓ

2 弱火でバターをとかす
新たなバーナーにフライパンをのせ、弱火でバターをとかす。

3 シーフードを炒める
バターがとけたら、食べやすく切ったシーフードを炒めよう。エビの色が変わったら次に進む。

4 ワインを入れてサッと煮る
ここで白ワインを加えて中火にする。アサリの口が開くまで、静かにまぜながら煮よう。

5 カレーとシーフードの合体
アサリの口が開いたら、鍋で煮ていたカレーにフライパンのシーフードを煮汁ごと加えて合体する。

6 煮詰めてはイケナイ！
絶対に煮詰めないように！サッとひと煮たちさせたらご飯とともに盛りつけて完成。

おいしさのコツ
カレールウを2種類使うと味に深みが出る。家庭に残りがあれば持って出かけよう

おいしさのコツ
ニンジンとジャガイモは少し固めに仕上げてもおいしい。小さく切って調理時間を短縮！

ポテトのドライカレー

ご飯に添えれば子どもにも喜ばれるカレーライスに！ドライカレーだけならビールのつまみに最適なクイック料理だ。炊きあがったご飯を蒸す間に完成するほど簡単な料理だが、味には自信がある。あなたの十八番にしてほしい一品だ。

① 材料の切り分けをしておこう

ジャガイモとニンジンは、5mm～1cm程度のサイコロ状に切る。ピーマンは種を取り除き、タマネギと同じ大きさにみじん切り。この間にご飯を炊いておこう。

調理時間 **15分**

152

フライパン料理

材料（4人分）
- ジャガイモ ………… 2〜3個
- ニンジン …………… 1本
- ピーマン …………… 2個
- タマネギ …………… 1個
- サラダ油 …… 大さじ1と1/2
- おろしニンニク …… 小さじ1
- おろしショウガ …… 小さじ1
- 豚ひき肉 …………… 200g
- カレー粉 …… 大さじ2くらい
- 塩 ………………… 小さじ1/2

② 香りを出してから炒める

弱火

フライパンに油を入れ、おろしニンニクとショウガを加えて加熱する。香りがたったらタマネギを加えて炒めよう。

③ 野菜を炒める

香りが出たフライパンにニンジン、ジャガイモ、ピーマンの順に入れて炒め続ける。

④ 豚ひき肉も加えて炒める

さらに豚ひき肉も加え、ニンジンとジャガイモが柔らかくなるまで炒め続けよう。

⑤ 味つけは最後にする

すべての材料に火が通ったら、カレー粉と塩を加えて全体になじませる。カレーのよい香りがしてきたら完成だ。

ワンポイント カレー粉の量は目安。あなた好みで加減してOK。

ヒラヤーチー（沖縄風お好み焼き）

あなた好みにアレンジしても、失敗の少ない粉料理を紹介する。ゴマ油を使えばチヂミ風になるし、材料を増やせばお好み焼き風にもなる。調理のキモは少量の塩とだし汁を使うことだ。材料は25cm程度のフライパンで4〜5枚焼ける分量だ。

調理時間 20分

材料（4人分）
- 小麦粉（薄力粉）……6カップ
- 水……1200mℓ
- 塩……小さじ1/4
- だし汁の素……小さじ2
- ニラ……1束
- ツナ缶（小）……2缶
- サラダ油……適量
- しょう油やポン酢……適宜

おいしさのコツ
材料のツナ缶は魚肉ソーセージに代えてもチープな味で旨い！ 男子には特におススメする

1 小麦粉を溶こう
小麦粉に分量の水と塩、さらにだし汁の素を加えたら、小麦粉にダマが残らないように丁寧にまぜる。

2 ニラとツナを加える
4〜5cmに切ったニラと、ほぐした缶詰のツナも汁ごと加えたら、全体をまぜ合わせておこう。

154

フライパン料理

4 弱火にして焼きあげる

フライ返しなどで裏返したら弱火にする。両面をコンガリ焼けば完成だ。しょう油やポン酢はお好みで！

3 片面に焼き色をつける

フライパンにサラダ油を加熱したら、②の材料を適量入れ、上面に透明感が出るまで焼く。

トロ～リ伸びる お餅のピザです

お餅と材料を切ったら、子どもたちも調理に参加できる楽しい餅ピザを作ってみよう。食事からおやつまで幅広く活躍する料理は、キャンプサイトの人気モノだ。トマトソースとマヨネーズの2色味にした欲張りバージョンにしている。

材料（4人分）
- 餅……………………5～6個
- サラミソーセージ………適量
- タマネギ…………………適量
- ピーマン…………………適量
- オリーブオイル…………適量
- マヨネーズ………………適量
- 市販のピザソース………適量
- フレッシュバジルなど…適量
- ピザ用チーズ……………適量

調理時間 15分 ※焼き時間5～8分

焼き方のコツ
二重にしたアルミホイルをフライパンの形に合わせて焼き型にすると、テンポよくドンドン焼ける

① 餅を並べてソースを塗る
❶ フライパンへ二重にしたアルミホイルを沿わせて焼き型を作る。
❷ 餅は厚さ5mm、ほかの具材も細かく切り分ける（除くバジル）。
❸ フライパンに重ねたアルミホイルにオリーブオイルを塗り、切った餅をすき間をあけて並べ、マヨネーズとピザソースを適当に塗る。

column トーチバーナー活用で本格ピザ風に仕上げる
完成写真を見てもらえばわかるが、調理手順のままでは完成時に表面に焼き色はつかない。焼き色をつけると見た目にもおいしくなるので、餅ピザが焼きあがったらトーチバーナーで軽く炙り、表面に焼き色をつけることをススメル。以前は高価だったトーチバーナーだが、最近は価格も手頃になった。幅広く活躍するので装備に加えたい道具である。

フライパン料理

③ 弱火で焼きあげる

フタをして弱火で焼く。チーズがとけてお餅がふっくらしたらできあがり。焼き型を数個作って準備しておくとよい。

② トッピングしよう

細かく切り分けた具材をトッピングしたら、バジルなどの葉を置き、ピザ用チーズを散らそう。餅は焼けてふくらむので、必ず間隔をあけておくこと！

ワンポイント ピザ用チーズを忘れずにのせて焼こう！意外に忘れることが多い。

和風タコスはお好みスタイル

本場南米ではトウモロコシの粉を使うが、日本では入手が難しい。そこでトウモロコシ粉を小麦粉に代え、タコシェルの代わりにしてフィリングをのせた。ソフトな食感が旨い！

調理時間 45分 ※焼き時間5分

おいしさのコツ
タコシェルとは、フィリング（具材）を包む、生地を焼いた物をさす。直径10〜12cmを目安に焼こう

1 生地を焼いてのせるだけ

❶ 生地を作ろう！＜生地の材料＞をまぜたら30分ほど寝かせておこう。
❷ 鉄板などでオリーブオイルを加熱したら、＜牛肉フィリングの材料＞を、ニンニク、タマネギ、肉の順に炒める。ほかの材料も加えて水気が飛んだらフィリングの完成。次に❶の生地を、オリーブオイルをひいた鉄板で焼く。焼きあがった生地にフィリングをのせ、好みの量の刻みトマト、レタス、チーズをのせて食べよう。

中火

材料（4人分）

＜生地の材料＞
- 小麦粉（薄力粉） ………… 200g
- 小麦粉（強力粉） ………… 200g
- 塩 ………………………… 小さじ1/2
- 水 ………………………… 300mℓ
- オリーブオイル …………… 大さじ2

＜牛肉フィリングの材料＞
- ニンニクみじん切り ……… 1片分
- タマネギみじん切り ……… 1/2個分
- 牛ひき肉 ………………… 150g
- トマトジュース ………… 200mℓ
- チリパウダー …………… 大さじ1
- コンソメ（顆粒） ……… 小さじ1
- 塩 ………………………… 少々
- トマト …………………… 1個
- レタス …………………… 4枚
- チーズ …………………… 100g

ワンポイント 生地はクレープより厚く、お好み焼きよりは薄く焼こう。生地に牛乳を少しまぜると伸びやすくなる。

5章 鍋料理

ビール煮、シチュー、チャウダー、豆乳鍋からキムチ鍋、ほうとうまで。野外だからなおさら美味い！和洋の定番とおすすめの鍋料理15。

ビーフジャーキーで煮込む
野菜スープ

調理時間 **30分**

つまみにするつもりのビーフジャーキーが残ったら作ってみよう。ビーフジャーキーから出る旨味と塩味がこの料理の特徴だ。材料にする野菜は材料表にこだわる必要はない。食材の整理にも便利な、体が温まる野菜スープ。

鍋料理

1 野菜を炒める

あらかじめ弱火でプレヒート（P93参照）したダッチオーブンにオリーブオイルを入れ、みじん切りのニンニクを炒める。そこへ皮をむいて乱切りにしたジャガイモとニンジンを入れて軽く炒める。

プレヒートの温度：低温　弱火

2 ジャーキーは2cmほどに切る

野菜にオリーブオイルがまわったら、水を加えてビーフジャーキーとコンソメを入れる。フタをしてニンジンが柔らかくなるまで煮る。

弱火

おいしさのコツ

ニンジンとジャガイモの煮込みはフタをするが、キャベツを加えたらフタはしないで短時間煮ること

3 トマトとキャベツも追加

今度はザク切りキャベツとトマトの水煮を加える。ひと煮たちしたら塩、コショウで味をととのえ、生クリームを浮かべて完成だ。

材料（4人分）

- オリーブオイル……大さじ1
- ニンニク……………1片
- ジャガイモ…………2個
- ニンジン……………1本
- 水……………………800mℓ
- ビーフジャーキー…約40g
- 固形コンソメ………2個
- キャベツ……………1/2個
- トマト水煮缶詰……1缶
- 塩……………………適量
- コショウ……………適量
- 生クリーム…………適量

ワンポイント　撮影には10インチのディープタイプのダッチオーブンを使用。ダッチオーブンのサイズがこれよりも大きい場合は、材料表の水では不足する。材料全体がかぶるぐらいまで水を追加しよう。

牛肉のビール煮

調理時間 35分

ヨーロッパ家庭料理の調理法を利用して、固い赤身肉を柔らかく煮込む。ビールと肉のタンパク質の相性はご存知の通り！ホンノリ甘くもホロ苦い大人味の煮込み料理だ。

材料（4人分）

- タマネギ（大）……………1個
- ジャガイモ（小）…………4個
- キャベツ……………………1/2個
- 牛ももステーキ肉…………200g
- 塩……………………………適量
- コショウ……………………適量
- サラダ油……………………大さじ1
- ニンニク……………………1片
- ビール………………………350ml
- 水……………………………600ml
- コンソメ……………………2個

おいしさのコツ

仕上げにマスタードを添えると、風味がよくなるので好みで使ってほしい。

① 焼き色をつけるために

❶ タマネギは串形。ジャガイモは皮をむいて4つに切る。キャベツもザク切りにしておく。牛肉はひと口サイズに切って塩、コショウをしておこう。

❷ 鍋にサラダ油を入れたら、刻んだニンニクを入れて弱火にかける。ニンニクの香りが出たら強火にして、肉を入れて焼き色をつける。中火に落としてから、ジャガイモとタマネギも加えて、全体に油がまわる程度に炒めよう。

弱火 → 強火 → 中火

② ビールと水で20分間煮る

分量のビールと水を加えたら、火力を落としてコンソメを入れよう。フタをして20分ほど煮込む。

弱火

③ アクを取りながらさらに煮る

苦みの元になるアクを丁寧に取り、ザク切りキャベツを加える。さらに15分ほど煮込み、塩とコショウで味をととのえたら完成だ。

162

鍋料理

ラーメン屋の太肉(ターロー)

① 煮汁を準備する

❶ 適当な鍋に A の材料をすべて入れたら弱火にかけ、ザラメをとかしてラーメンしょう油（私的にこう呼んでいる）を作る。

❷ そこへ適当に切った長ネギ、スライスしたニンニクとショウガ（皮付き）、鶏ガラスープの素と水1ℓを入れて煮汁を作っておこう。煮汁ができたら火からおろして冷ましておく。

弱火

肉を縛る必要がないので無精な料理人に最適!? ふんわり柔らかな煮豚は、家庭で調理してアウトドアに持ち出そう！ キャンプサイトで便利なスグに食べられる肉料理だ。

② 冷たい煮汁に肉を入れる

冷たい煮汁にブロック肉を入れたらフタをして、超弱火で6時間煮れば完成する。ときどき煮汁の量を確認して肉を裏返すことも大切だ。火力には充分注意して煮込もう！

超弱火

調理時間 6時間

材料（4人分）
＜ラーメンしょう油の材料＞
- A
  - しょう油 ………… 200mℓ
  - 日本酒 …………… 200mℓ
  - ザラメ …………… 1/2カップ
- 長ネギ ……………………… 1本
- ニンニク …………………… 2片
- ショウガ …… ニンニクと同量
- 鶏ガラスープの素 …… 小さじ5
- 水 …………………………… 1ℓ
- 豚バラブロック肉 ………… 1本

おいしさのコツ
分量の煮汁でもっと多くの肉を煮ることができる。日持ちもするので、一度にたくさん作ると経済的だ

163 **ワンポイント** 火力が強いと煮汁が不足したり、コゲやすくなるので注意しよう。煮汁が不足したら水を足そう。

薄切り豚のダイコン鍋

調理時間 40分

材料（4人分）
- ダイコン（大）……1/2本
- 長ネギ……1本
- 白菜……1/2個
- 三つ葉……1束
- 焼き豆腐……1丁
- 豚薄切り肉……320g
- 昆布だし汁……600mℓ
- 昆布ポン酢……適量

努力家のアシスタントさんが大根を丁寧にすりおろしてくれたが、細切りにしてもシャキシャキした食感が楽しい大根ナベだ。働き者の助手さんがいない場合は細切りをススメル。薄切り豚肉はロース肉を使ったが、バラ肉もおいしいので好みで選択しよう。

おいしさのコツ

つけダレの昆布ポン酢に、刻んだ青ジソや万能ネギを加えると一段と風味が増して旨い！

鍋料理

column
タンパク質を糖質に変化させて旨さUP！

材料にした肉のタンパク質や野菜のデンプン質は、55℃前後の温度になると化学変化を起こして旨味成分によく似た糖質になる。鍋の温度をゆっくり上げることで、55℃付近の温度帯通過に時間がかかり、化学変化も大きくなるのでおいしい鍋になるのだ。弱火でジックリ温度を上げ、なるべく長く（10分間で効果最大）55℃付近をキープすることが大切だ。

1 鍋に材料を入れる

❶ ダイコンを細切りか、すりおろして鍋に入れる。
❷ さらに食べやすく切った野菜たちと焼き豆腐を置いたら、一番上に食べやすく切った薄切り豚肉をのせる。

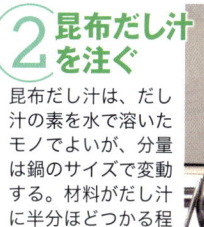

2 昆布だし汁を注ぐ

昆布だし汁は、だし汁の素を水で溶いたモノでよいが、分量は鍋のサイズで変動する。材料がだし汁に半分ほどつかる程度が適量。

3 フタをして弱火で煮る

写真はまだ火が通っていない状態だが、肉の色が変われば食べ始めて大丈夫だ。昆布ポン酢につけて食べよう。薬味は好みで追加してほしい。低カロリー食なのでダイエット効果も期待できる！

弱火

ワンポイント 弱火でゆっくり加熱しよう。温度上昇が緩やかな土鍋やダッチオーブンを使うと旨くなる。

キムチの山海鍋

市販の「キムチ鍋の素」を使うだけでは絶対に味わえない本気のキムチ味噌鍋だ。奥深い味には自信があるが、材料もチマチマとたくさん使った。材料がすべて揃わなくても調理できるので、余った食材などでも調理してみよう。

調理時間 1時間

1 キムチと肉を炒める

食べやすく切った豚肉に小麦粉をまぶしたら、フライパンにゴマ油を入れて豚肉とキムチを加える。フライパンを弱火にかけ、肉とキムチをつぶすようにしながら30分ほど炒めよう。

弱火

2 材料をすべて鍋に入れる

食べやすく切った白菜の下側部分を鍋底（土鍋かダッチオーブンがオススメ）に敷いたら、①の肉とキムチを鍋の中央におく。ほかの具材も食べやすく切り分けて、形よくまわりに入れよう。

材料（4人分）

- 豚ロース薄切り肉 … 250g
- 小麦粉 … 大さじ2
- ゴマ油 … 適量
- キムチ … 400g

〈具材〉
- 白菜 … 1/2個
- 生サケの切り身 … 2切
- ゆでタコ … 適量
- 長ネギ … 2本
- ニラ … 1束
- シイタケ … 1パック
- 焼き豆腐 … 1丁
- 鶏ガラスープ … 1ℓ
- 塩 … 適量
- コショウ … 適量

3 ガラスープを入れ加熱

鶏ガラスープ（スープの素を水に溶いたモノでOK）を注いだら、フタをして弱火にかける。野菜が煮えたら塩とコショウで味をととのえて食べよう。鍋が大きくてスープが不足する場合は水を足す。

弱火

column 旨味成分が合体した最強の味！

この鍋の材料には、旨味成分のイノシン酸とグルタミン酸が豊富に含まれている。この2つの旨味成分の合体は1＋1＝2ではなく、3にも4にもなる最強コンビだが、さらにハマグリやカキなどの貝類を追加することで、最強の旨味をもった鍋にすることも可能だ。

ワンポイント 写真のように土鍋を使うと最高においしい鍋になる。

鍋料理

おいしさのコツ
今回はロース肉を使って調理したが、脂の多いバラ肉もオススメだ。より濃厚な味に仕上がる

ベーコンポトフ

② 水を入れて香草を加える

弱火 → 超弱火

❶ ①に水を入れたらローリエ、タイム、セロリの葉、パセリの茎を加え、ニンジンとジャガイモも入れて弱火で煮る。

❷ ニンジンに火が通ったら、タマネギ、キャベツ、セロリの茎を加えて45分ほど弱火で煮込み、さらに火力を落として1時間ほど煮る。

① 野菜を処理して炒め開始

弱火

❶ ジャガイモの皮をむく。キャベツは芯をくり抜き、タマネギは皮をむいてニンジン、セロリとともに半分に切る。

❷ 材料がすべて入る鍋で、食べやすく切ったベーコンを炒める。

③ 最後にスープを味つけする

塩、コショウとみりんで味つけして完成。食べやすく切り分けて盛りつけ、スープをかけよう。カラシ類を添えるのをお忘れなく！

寒いキャンプなら体がほっこり温まる、洋風おでんのポトフを料理しよう。"西洋の鰹節"ベーコンをたっぷり使って、野外風に少し濃いめの味つけにするとよいだろう。

調理時間 2時間

材料（4人分）

ジャガイモ	4個	ローリエ	2枚
キャベツ	1/2個	タイム	少々
タマネギ	2個	パセリの茎	適量
ニンジン（中）	2本	塩	適量
セロリ	2本	コショウ	適量
ベーコン	350g	みりん	大さじ1
水	2ℓ	洋ガラシか粒マスタード	適量

おいしさのコツ

味つけは最後にスープで決めよう。材料のみりんは砂糖で代用可能

ワンポイント 焚き火でコトコト煮込むのに最適。温まりながら煮込もう！

鍋料理

鶏モツの甘露煮

おいしさのコツ
下ゆでは70℃くらいで！煮込みを短時間にすることで固くならずに完成する

山梨県甲府周辺のお蕎麦屋さんで、サイドメニューとして人気が高い甘口の鶏モツ煮込みだ。口当たりは甘いが、何故かお酒やビールのつまみにも最適だ。

材料(4人分)

〈モツの材料〉
- 鶏レバー ……………… 200g
- 鶏砂肝 ………………… 200g
- 鶏ハツ ………………… 150g
- しょう油 ……………… 200mℓ
- 日本酒 ………………… 200mℓ
- ザラメ（砂糖） ……… 1カップ
- ショウガ…大さじ1（15g程度）

① モツの下ごしらえが肝心

❶〈モツの材料〉を食べやすく切り分けたら流水で洗う。砂肝は開いてから切り込みを入れておくと、味がしみ込みやすくなる。

❷適当な鍋に水と❶の鶏モツを入れて加熱。アクを取りながら沸騰する手前（70℃くらい）で10分間ゆでよう。

② 洗ってから2～3分煮る

❶ゆでたモツをザルにあけたら、流水でよく洗っておこう。

❷モツを鍋に戻したら、しょう油、日本酒、ザラメ、細切りにしたショウガを加える。まぜながら弱火で2～3分煮れば完成だ。

調理時間 25分

キノコがたくさん鶏だんごナベ

調理時間 **30分**

鶏だんごのフワッとした口当たりと、しょう油の甘めな味で人気が高いメニューだ。材料はこまごま使うが調理は短時間で済み、見た目も豪華なので、アウトドア以外の家庭料理にもおススメできる鍋料理だ。

材料（4人分）
- 鶏ひき肉……………400g
- 長ネギ………………1/2本
- おろしショウガ…小さじ1/2
- 日本酒………………大さじ1
- 卵……………………2個
- 白菜…………………1/4個
- シメジ………………1パック
- マイタケ……………1パック
- シイタケ……………4個
- かつおと昆布のだしの素
   ……………………適量
- 水……………………適量
- しょう油……………適量

① 鶏だんごの準備をする
適当な器に鶏肉と小口切りの長ネギとおろしショウガ、日本酒と卵を割り入れたら、粘りが出るまでまぜる。

③ ①の肉を鍋に落とす
スプーンを2つ使って、①の材料を団子状にして鍋に落とす。だんごはすべて入れてOKだ。

② 野菜を入れてだしの素を振る
白菜を食べやすく切り、白い部分を鍋底に置いたら、食べやすく切り分けたキノコ類も入れてだしの素を加える。

ワンポイント だしの素は、味噌汁の2倍程度の濃度が目安になる。

鍋料理

おいしさのコツ
鶏だんごにすりおろした長芋を加えると、フワフワ感がさらに増す。時間と材料があればゼヒ試してみよう

⑤ しょう油だけで味をつける
沸騰してだんごの色が変わったら、スープで味見をしながらしょう油で味つけ。だんごが煮えたら完成。

④ 鍋に水を入れる
最後に水を鍋の6分目くらい入れたら、フタをして弱火にかける。だしの素と水の量は鍋の大きさで加減しよう。

フルーティーで旨いラムシチュー

厚切りのラムをトマトで煮込んでシチュー仕立てにした。野菜も同時に食べられるので、栄養バランスに優れた体に効く料理になっている。アウトドアで体を酷使したらゼヒ食べてほしい。材料にジャガイモを加えれば、副食不要の便利な料理だ。

調理時間 45分

材料（4人分）

- タマネギ……………………1個
- ニンジン……………………1本
- オレンジ…………………1/2個
- クリームチーズ……………50g
- オリーブオイル…………大さじ2
- おろしニンニク…………小さじ1/2
- 焼き肉用ラム肉……………300g
- トマトの水煮缶詰…1缶(400g)
- クローブ……………………2粒
- パプリカ(小)………………1個
- コンソメ……………………2個
- 塩……………………………適量
- コショウ……………………適量

172

鍋料理

1 フライパンひとつで調理

❶ タマネギはみじん切り、ニンジンは乱切りにする。オレンジはスライス、クリームチーズも適当にカットしておく。
❷ フライパンにオリーブオイルを入れ、ニンニクを加えたら弱火で加熱。ニンニクの香りが出たらラム肉を加え、焼き色をつけてフライパンから取り出す。

2 野菜を炒めよう

肉を出したフライパンにタマネギ、ニンジンの順番に入れ、弱火で炒めて油を全体にまわす。

おいしさのコツ

煮込みに使うオレンジには、香りづけと肉を柔らかくする働きがある。洗って皮付きのまま使おう

3 トマトの煮込みを開始

ここでトマトの水煮缶詰、クローブ、パプリカ、コンソメも加えたら、焼き色をつけたラム肉も戻してオレンジも入れる。フタをして弱火で30分程度煮よう。

4 クリームチーズで仕上げ

ニンジンが柔らかくなったらクリームチーズをとかし入れ、塩とコショウで味をととのえて完成。

ワンポイント 肉の厚さで煮込み時間が増減することを意識して煮てほしい。

アサリの豆乳チャウダー

材料(4人分)

- ベーコン………… 8枚
- ニンジン………… 1/2本
- サツマイモ……… 1本
- タマネギ(小)…… 2個
- セロリ…………… 1株
- ブロッコリー…… 1株
- バター…………… 40g
- 小麦粉…………… 大さじ1
- 豆乳……………… 400mℓ
- 水………………… 400mℓ
- だし昆布………… 20cm程度
- 白ワイン………… 100mℓ
- アサリ…………… 1パック
- 塩………………… 適量
- コショウ………… 適量

春はキャンプのスタートに最適な季節だが、アサリも旬を迎える。アサリとたくさんの野菜を豆乳で煮込んでいる。まだ肌寒い春キャンプなら、温かく栄養豊かなチャウダーで温まってほしい。

調理時間 35分

1 野菜を切り、炒める

❶ ベーコンは2cm幅、ニンジン、サツマイモ、タマネギ、セロリは1cm角に切る。ブロッコリーは株分けしよう。
❷ 適当な鍋を弱火にかけてバターをとかし、ベーコンとタマネギを炒める。

弱火

2 さらにほかの野菜も炒める

さらにニンジン、サツマイモ、セロリの順で炒め続けよう。

3 小麦粉を振り込む

野菜にバターが絡んだら小麦粉を投入。これでスープに軽いトロミがつき、体を温めてくれる。

ワンポイント アサリの口が開いたら食べ頃。煮すぎに注意しよう。

174

鍋料理

おいしさのコツ
豆乳はワインを使うと必ず分離する。分離が嫌なら材料からワインを省略して調理しよう

⑤ アサリとブロッコリーも入れる
ニンジンとサツマイモが柔らかく煮えたら、アサリとブロッコリーを加える。アサリの口が開いたら塩、コショウで味をととのえて完成だ。

④ 昆布と豆乳を投入！
小麦粉が野菜になじんだら、豆乳と水、だし昆布と白ワインを入れて沸騰させる。フタをしてニンジンが柔らかくなるまで煮よう。

サケとキノコの秋味鍋

調理時間 25分

材料(4人分)

- シメジ ……………… 1パック
- エノキダケ …………… 1束
- サケの切り身 ………… 4切
- 塩 ……………………… 適量
- コショウ ……………… 適量
- 万能ネギ …………… 1/2束
- 豆乳 ………………… 600mℓ
- 水 …………………… 600mℓ
- だしの素 ……………… 適量
- ラー油 ………………… 適量

秋の味覚キノコとサケを豆乳で煮ているので、体がとても温まる鍋料理だ。焚き火が恋しい秋のキャンプには最適な一品だと思う。残りスープにはインスタントラーメンがピッタリ！ アレッ？と思うほどマッチするからゼヒ試してみよう。

ワンポイント チキンコンソメやカツオだしを使うと、鍋のシメのラーメンに合う！

鍋料理

1 材料を切り分けておく

キノコを食べやすく切り分けたら、サケに軽く塩、コショウしてひと口大に切り分ける。万能ネギも小口切りにしておく。

2 鍋に豆乳と水を入れる

鍋に豆乳と水を入れたら、だしの素（味噌汁の2倍の濃度が目安）を加えて弱火にかける。沸騰してきたらキノコとサケを加えて、さらにひと煮たちさせよう。

弱火

おいしさのコツ

材料のラー油は単に辛さや香りを効かせるだけではない。味全体が劇的に変化するので必ず使おう！

3 味見をしながら味つけする

① 必ず味見をしながら塩とコショウで味をととのえよう。多めにコショウを使うとおいしくなると思うが好みで加減を。
② サケの色が変わったら、刻んだ万能ネギとラー油をタップリ振り入れて完成だ。熱いうちに食べよう。

カキのトロ餅チャウダー

材料（4人分）

- ベーコン……………8枚
- サツマイモ（小）……1本
- タマネギ（中）………2個
- セロリ………………1/2本
- ニンジン……………1/2本
- ブロッコリー…………1株
- バター…………………20g
- 牛乳………………400ml
- 水…………………400ml
- 日本酒………………大さじ2
- カキ（加熱用）………300g
- 餅……………………適量
- 塩……………………適量
- コショウ……………適量
- 生クリーム…………100ml

海のミルクとも呼ばれるカキを牛乳で煮たら、濃厚スープが絶妙なおいしいチャウダーになった。餅の量はお好みで加減して、トロミと腹具合を調整してほしい。秋から春のキャンプなら、あなたの自慢料理になる一品だ。

調理時間 35分

鍋料理

1 まずは野菜を切り分けて炒める

❶ ベーコンは2cmほど、サツマイモ、タマネギ、セロリは5mmほどに切り分ける。ニンジンはサツマイモより小さめに切りたい。ブロッコリーは株分けしておこう。

❷ 弱火にかけた鍋にバターをとかし、ベーコンとタマネギを炒める。さらにほかの野菜も加えて全体にバターをなじませる。

弱火

2 野菜を柔らかく煮る

バターが野菜になじんだら、牛乳と水、日本酒を加えて沸騰させる。フツフツとニンジンが柔らかくなるまで煮よう。小さく切れば短時間で柔らかくなるはずだ。

弱火

3 カキを加えて仕上げよう！

ニンジンが煮えたら、カキと餅を入れる。ひと煮たちしたら塩、コショウで味をととのえる。餅がとけてトロミがついたら、生クリームを加えて完成だ。

おいしさのコツ

野菜は小さく切り分けて調理時間を短縮しよう。カキも長時間煮ると固くなるので注意！

ラタトゥユ

1 切り分けて炒める

1. ニンニクをスライスしたら、ナスは乱切り、ほかの野菜も大きめに食べやすく切っておこう。
2. 中温でプレヒート（P93参照）したダッチオーブンにオリーブオイルを入れ、ニンニクを炒める。

プレヒートの温度　弱火　中温

2 ニンニクが香ったら

最初にナスを炒めて油を吸わせよう。

材料（4人分）

ニンニク……… 1片	トマト水煮缶詰 … 2缶
長ナス………… 4本	固形コンソメ … 2個
ニンジン……… 1本	ローリエ……… 2枚
タマネギ……… 2個	クローブ……… 4粒
セロリ………… 1本	塩……………… 適量
パプリカ……… 1個	コショウ……… 適量
ピーマン……… 3個	※完熟トマトを2個使う場合は、トマト水煮缶詰を1缶にする。
オリーブオイル……… 大さじ3	

調理時間 45分

アウトドアで野菜の欧風煮込み料理を調理しよう！ダッチオーブンを使えばとても簡単だ。材料表に塩も書いたが基本的には使わなくても十分旨くできるので、低カロリーな減塩料理としてもススメられる。

鍋料理

4 水煮トマトと香りづけ
次にトマトの水煮缶詰、つぶしたコンソメ、ローリエと、粒のままのクローブも加える。

弱火

3 ほかの野菜も加えて炒め続ける
ほかの野菜すべてをダッチオーブンに加えて炒め、オイルをなじませる。

下から弱火

5 フタをして煮込み開始
全体をまぜて野菜となじんだら、フタをしてフツフツ煮よう。材料が柔らかくなったら塩とコショウで味をととのえ完成だ。

おいしさのコツ
最初にナスを炒めて油を吸わせることで、ナスがサッパリ食べられる！ 逆のようだが必ず実行しよう

ワンポイント ▶ フランスパンとの相性は抜群なので、ゼヒ準備して一緒に食べたい。

カボチャのほうとう

この甲州名物のルーツをさかのぼれば、戦国武将・武田信玄が考案した野戦食にたどりつくから、生粋の野外料理とも言える。カボチャの代わりにナスを使う「ナスのほうとう」もおいしい！どちらかを選んで旬の味を楽しんでみよう。

調理時間 30分

材料（4人分）
- カボチャ ………… 1/4個
- サトイモ（ゆでて皮むきしたもの） ………… 4〜5個
- ニンジン ………… 1/2本
- タマネギ ………… 1個
- シメジ ………… 1パック
- カツオだし汁 ………… 1ℓ
- 油揚げ ………… 1枚
- 味噌 ………… 適量
- しょう油 ………… 適量
- ほうとう麺 ………… 4人分

ワンポイント 材料にシイタケを加えると旨味が増す。好みによるが麺は固めをススメる。

鍋料理

1 野菜の切り分け

① カボチャは種を取り2cm角、サトイモが大きい場合は切る。ニンジンは薄切り、タマネギとシメジは食べやすく切ろう。
② 鍋にだし汁を入れたら、カボチャとニンジンを入れる。鍋を中火にかけて柔らかく煮よう。

おいしさのコツ

今回は下ゆでして皮もむいてあるサトイモを使った。生のサトイモを使う場合は、手順①で鍋に加えよう

2 サトイモとシメジを投入

今度は材料のサトイモとシメジ、タマネギを入れて煮続けよう。

3 味噌としょう油で味をつける

油揚げを加え、ひと煮たちしたら味噌としょう油を好みの割合で入れて味つけする。必ず味見をしながらやろう。

4 ほうとう麺を入れて煮る

最後にほうとう麺を加えてコトコト煮込む。カボチャがとけて汁に甘みが出て、麺が好みの固さになれば完成だ。

すいとんの術

調理時間 30分

何となくビンボーくさい雰囲気がする「すいとん」だが、小麦粉を固めに練りあげたら独特の歯応えが生まれた。材料も豊富に使った、ちぎり御麺のすいとんの術。ニンニン！

おいしさのコツ
ちぎり麺は一度に入れずに、食べながら少しずつ落とすとよい

③ 肉をのせたら煮込む
中火

肉を加えたらフタをして、サトイモが柔らかくなるまでアクを取りながら煮よう。

① 小麦粉を練ってから寝かせる
袋に小麦粉と塩を入れたら水を少しずつ加え、耳たぶくらいの固さに練って寝かせる。

④ 生地をちぎり入れて煮る
サトイモが煮えたら、しょう油で味つけ。そこへ寝かせた生地をちぎって入れる。生地が浮いたら煮えた合図！ 食べよう！

② 昆布だしで煮よう
プレヒートの温度 中温 / 弱火

❶ プレヒート（P93参照）したダッチオーブンに水を入れ、縛った昆布を入れて弱火にかける。
❷ 乱切りしたサトイモとゴボウも入れる。鍋が沸騰したら食べやすく切った野菜類と日本酒も入れよう。こんにゃくは味がしみやすいよう、ちぎって加える。

材料（4人分）
- 小麦粉（すいとん用）… 400g
- 塩 …………………… 小さじ1/2
- 水 …………………… 1.5ℓ
- 昆布 ………………… 50g
- サトイモ（皮むき済み）… 1袋
- ゴボウ（カット済み）… 1袋
- 長ネギ ……………… 3本
- マイタケ …………… 1パック
- シイタケ …………… 1パック
- 日本酒 ……………… 200mℓ
- こんにゃく ………… 1丁
- 豚肉もも薄切り …… 300g
- しょう油 …………… 適量

ワンポイント 味にもの足りなさを感じたら、カツオだしの素か砂糖を少し加えよう。

6章 カンタン燻製

中華鍋で作る簡単燻製、スモーカーやダッチオーブンを使う本格派メニューなど、38のスモークレシピを紹介。アレンジ料理も楽しい。

燻製の手順など

燻製はメニューによって、漬け込みや塩抜き、燻煙など、独特の作業が発生する。本書ではその作業時間の目安を、右のような表にして紹介している。

漬け込み	1時間
塩抜き	なし
乾燥	なし
燻煙	20分

燻製の道具

燻製にはスモーカーとよばれる燻製器、煙を発生させる燻煙材などの道具が必要。本書ではおすすめのスモーカーや、燻煙材の種類や分量などを、右のようなアイコンで紹介している。

燻製道具
- スモーカー：中華鍋／ダッチオーブン／小型スモーカー／ダンボール

燻煙材
スモークチップ1/4カップ、ザラメ大さじ1

おすすめのチップ
サクラ、クルミ、ナラなど

※燻製の道具や作り方などの詳細は、P238〜の「燻製の作り方」を参照。

スモークのコツ

プレヒートが重要だ。肉の表面を短時間で焼いて肉汁の流失を防ごう。また、スモークチップは分量を厳守！

燻しビーフブロック
（いぶし）

ブロック牛肉をローストビーフ風に燻煙処理した。歯応えのある牛もも肉を使ったので、普通のローストビーフより固く感じる場合もある。薄く切って食べてほしい。ワサビしょう油や、レモン＆塩などをつけて食べてみよう。

調理時間 1時間30分

漬け込み	1時間
塩抜き	なし
乾燥	なし
燻煙	20分

燻製道具

スモーカー／中華鍋／ダッチオーブン／小型スモーカー／ダンボール

燻煙材
スモークチップ1/4カップ、ザラメ大さじ1

おすすめのチップ
サクラ、クルミ、ナラなど

1 肉に塩、コショウ
ブロック肉全体に塩と粗びきコショウをもみ込んで1時間ほど寝かせておく。

燻製の基礎知識はP238〜を参照。

カンタン燻製

②高温にプレヒートする

その間に炭を熾してダッチオーブンを高温にプレヒート（ダッチオーブンの上下に炭を置いて空焚き・P93参照）する。

プレヒートの温度
高温

③燻煙と加熱をする

❶高温にプレヒートしたら炭を減らして弱火にする。温度を保つ程度でOKだ。
❷ダッチオーブンの底にアルミホイルを敷き、燻煙材を置いたら中敷きを入れる。その上にブロック肉をのせてフタをする（フタにも炭を置こう）。

下から弱火　上から強火

上下とも弱火

材料（4人分）
- 牛もも肉ブロック……400g
- 塩……………………大さじ1/2
- 粗びきコショウ…小さじ1/2

④肉の中心部を55℃にしよう

上下（弱火）に炭を置き20分ほど加熱したら、フタを開けて肉の中心部まで温度計を差し込む。中心部が55℃になればOK。温度が低ければさらに加熱しよう。燻煙を終えたらダッチオーブンから取り出し、肉を常温付近まで冷ましてから切り分けて食べよう。

パリッとつまめる豚バラ肉くん

肉の燻製としては驚異的短時間で完成するが、長期保存はできない。作ったら食べきるつもりで調理しよう。完成後1時間以上熟成させて食べるとさらにおいしくなるので、短時間でも風にさらしてほしい。柔らかなジャーキーのように仕上がる、豚バラ肉の簡単燻製だ。

材料（4人分）
- 豚バラ肉ブロック … 500g
- しょう油 ……… 大さじ2

① 肉にしょう油をもみ込む

豚バラ肉ブロックを、肉の繊維を切る方向で5mmくらいの厚さに切り、しょう油をもみ込んでおこう。

② 日陰で乾燥させる

軽く水気を拭き取り、風通しのよい日陰で2時間ほど乾燥させよう。下は2時間後の状態、表面が乾いているのがわかるだろう。

調理時間 2時間30分
漬け込み	0分
塩抜き	0分
乾燥	2時間
燻煙	20分

燻製道具
スモーカー： 中華鍋／ダッチオーブン／小型スモーカー／ダンボール

燻煙材
スモークチップ1/4カップ、ザラメ大さじ1

おすすめのチップ
ヒッコリー、リンゴ、クルミなど

ワンポイント 乾燥した紅茶の葉を隠し香としてチップにまぜるのもおススメだ。

燻製の基礎知識はP238〜を参照。

カンタン燻製

4 アミの上に肉を並べる
中華鍋にアミをのせたら、すき間をあけて肉を並べれば、燻煙準備完了。

3 チップをセットする
中華鍋の底にアルミホイルを敷き、スモークチップなどの燻煙材をのせよう。

5 フタをして燻煙スタート
フタをしてから、中火よりやや弱めの火力で20分ほど燻煙して完成。

弱めの中火

スモークのコツ
肉の厚みで食感が大きく変わる。厚みを5mmくらいにして弱火で燻すと、表面がパリッと仕上がる

ひき肉スティック

材料(4〜6人分)
- 豚ひき肉 …………… 500g
- 〈スティックの材料〉
  - 卵 ……………………… 1個
  - ニンニク ……………… 2片
  - ショウガ …… ニンニクと同量
  - 塩 ………………… 大さじ2/3
  - 砂糖 ……………… 小さじ1
  - 粗びきコショウ … 小さじ1/4
  - タイム …………………… 少々
  - オレガノ ………………… 少々

① タネを作ろう
ニンニクとショウガをすりおろしたら、そのほかの〈スティックの材料(卵は割り入れる)〉を豚ひき肉と合わせて、粘りが出るまでよくまぜる。

材料を見ればハンバーグのようだが、食感はもちろん味もまったく違うから燻し焼き料理は面白い。細長く成形するのは加熱時間を短縮するためなので、形も守って調理してほしい。完成後はナゲットのように、手でつまんで食べるのが楽しい簡単燻製だ。

② タネを細長く成形する
ひき肉のタネに粘りが出たら、まな板の上などでスティック状に成形する。成形したら中央を指で凹ませておこう。

③ 中華鍋で加熱&燻煙の準備
❶ 中華鍋の内側全体を覆うようにアルミホイルを敷いたら、スモークチップとザラメを置く。さらに丸網を置いたら成形したタネをのせよう。
❷ フタやアルミホイルで中華鍋を覆ったら、中火より弱めの火力で25分ほど燻煙して完成。肉の脂で煙がたくさん出るけど驚かないようにネ！

弱めの中火

調理時間 40分

漬け込み	なし
塩抜き	なし
乾燥	なし
燻煙	25分

燻製道具
スモーカー：中華鍋、ダッチオーブン、小型スモーカー、ダンボール

燻煙材
スモークチップ1/3カップ、ザラメ大さじ1

おすすめのチップ
クルミ、サクラ、リンゴなど

燻製の基礎知識はP238〜を参照。

カンタン燻製

6章

スモークのコツ
煙が出なくなっても、肉に火を通すために時間まで加熱を続けよう。火力は弱めの中火が基本だ

← 次のページにアレンジメニューあります

ワンポイント　隠し香として、コーヒー(粉)をスモークチップにまぜるのもおすすめ。

ひき肉スティックの
アレンジメニュー

ひき肉スティックの薫(かお)るチャーハン

調理時間 3分30秒

本格チャーハンを簡単に調理する方法を紹介しよう。今回は材料に前ページの「ひき肉スティック」を使ってスモーキーに料理したが、チャーシューやハムを使えば普通のチャーハンが完成する。コツは火力と時間を厳守することだけ！！！

おいしさのコツ

空焼き1分→油を入れる13秒→溶き卵を入れる8秒→ご飯を投入1分半→味つけ30秒で完成

192

カンタン燻製

材料(2人分)
- 長ネギ……………… 1本
- ひき肉スティック…… 1本
- サラダ油…………… 大さじ2
- 卵…………………… 2個
- 温かいごはん……… 2膳分
- 塩…………………… 適量
- コショウ…………… 適量
- しょう油…………… 適量

1 すべて準備して開始する

長ネギを刻んだら卵を割り溶く。ひき肉スティックも厚さ1〜2cmくらいにしておこう。各調味料をすべて手元に置いたら、強火でフライパンを1分間空焼きする。煙が出てきたらサラダ油を入れて13秒後に溶き卵を加えよう。火力は終始強火！

2 ご飯を入れて炒める

溶き卵を入れたら8秒後にご飯を投入！ アウトドア用の熱源では、フライパンを振るとフライパンの温度が下がるから振らないこと！ 木ベラなどでご飯を切るようにして、手早く卵でご飯をコーティングしよう。

3 具材を入れたら30秒！

ご飯を入れて1分30秒炒めたら、食べやすく切ったひき肉スティックと長ネギを入れて軽く炒めつつ、塩とコショウで味をつける。ここまで30秒。最後にしょう油（しょう油はご飯にたらそう）で香りをつけて完成だ。

ワンポイント ▶ 火力は強火キープでフライパンは絶対に振ってはイケナイ！ サラダ油をラードに代えるとコクが増す。

薫るベーコン

ベーコンは燻製食品のハズだが、市販品は香りが乏しくて本当に燻煙しているとは思えないような製品ばかり……。思い切って市販スライス・ベーコンを燻煙調理してみたら、本来の深い味と色艶を取り戻してくれた。

材料（4～6人分）
- ベーコン…350gくらい

調理時間 20分
漬け込み	なし
塩抜き	なし
乾燥	なし
燻煙	10～15分

燻製道具
スモーカー：中華鍋、ダッチオーブン、小型スモーカー、ダンボール

燻煙材
スモークチップ1/3カップ、ザラメ大さじ1

おすすめのチップ
ヒッコリー、リンゴなど

弱めの中火

① 燻煙処理をするだけ！
❶ 中華鍋の内側全体を覆うようにアルミホイルを敷いたら、そこへスモークチップとザラメをのせる。さらに丸網を置き、ベーコンを並べる。
❷ フタかアルミホイルで中華鍋を閉じたら、中火よりやや弱めの火力で10～15分ほど燻煙すれば完成する。脂がたれて煙がたくさん出るので驚かないように！ この調理手順を何度か繰り返して材料のすべてを燻煙しよう。

スモークのコツ
紹介したように弱めの火力ならしっとり、もう少し火力を上げるとカリッと仕上がる。好みの仕上がり具合を探そう

ワンポイント 隠し香として、燻煙材に紅茶をまぜてもよい。

燻製の基礎知識はP238～を参照。

まったりレバーくん

小型スモーカーを使って仕上げる本格的燻製料理だ。調理に時間はかかるが「燻製は待つのが仕事」。タイマーなどをセットして、ほかの作業をしながら気楽にやってみよう。

スモークのコツ
短時間の燻煙だが、一晩冷蔵庫で熟成させるとグンとおいしくなる

材料(4人分)
- 豚または牛レバー……250g
- 牛乳……………………200mℓ
- タマネギ………………1/2個
- ニンニク………………2片
- ショウガ………ニンニクと同量
- 黒コショウ……………大さじ1
- ピックル液……………200mℓ

※ピックル液はP238を参照。

① 牛乳でにおいを抜く
レバーをひと口大に切り分けたら、牛乳に30分ほど漬ける。レバーが牛乳にすべて隠れない場合はときどき、裏返そう。

② 12時間漬け込む
❶ 牛乳からレバーを取り出して水気を拭く。そして薄切りタマネギ、すりおろしニンニクとショウガ、黒コショウとピックル液を合わせたものに一晩(12時間程度)漬け込む。
❷ 漬け込みを終えたレバーを取り出し、流水で1時間30分ほど塩抜き(p238〜参照)をする。

③ 下ゆでをする
塩抜きが終わったら下ゆでだ。必ず温度計を使って65〜70℃で15分間ゆでよう。

④ 小型スモーカーで20〜25分燻煙
下ゆでが終了したらレバーの水気を拭き取り燻煙しよう！ 小型スモーカーの底部にスモークウッドを置いたら、その上にザラメをのせよう。スモーカーのアミにレバーを並べ、フタをして20〜25分ほど燻煙すれば完成だ。

調理時間 15時間
- 漬け込み 12時間30分
- 塩抜き 1時間30分
- 乾燥 なし
- 燻煙 20〜25分

燻製道具
スモーカー: 中華鍋／ダッチオーブン／小型スモーカー／ダンボール

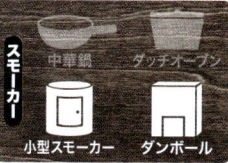

燻煙材
スモークウッド1/8本(20〜30分燻煙する分量)、ザラメ大さじ1

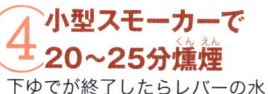

おすすめのチップ
ヒッコリー、リンゴなど

ワンポイント 数日でも保存する場合は、塩抜き後、2〜3時間乾燥させてから、2時間程度燻煙する必要がある。

燻製の基礎知識はP238〜を参照。

鶏丸のいぶし焼き

材料（4人分）
- 若鶏 ………… 丸ごと1羽
- 塩 ………… 大さじ1と1/2
- クローブ ………… 大さじ2/3

※鶏は700〜800gが調理しやすい。今回は1.4kgを使った。
※塩は鶏の大きさで加減する。

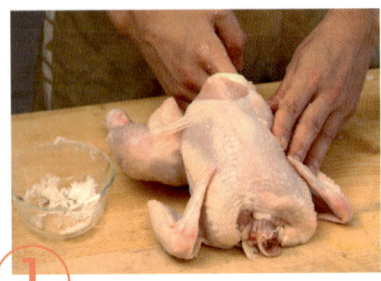

鶏を軽く燻煙しながらローストして、風味豊かな丸焼きにした。肉汁の流失が少なく、香りや色艶も最高に仕上がる調理方法だと思う。アウトドア・パーティーはもちろん、クリスマス料理にも応用できる鶏の丸焼きだ。

① 塩で下味をつける
購入した鶏をキレイに洗ったら、鶏の表面と腹の内側全体に塩をすり込んでおこう。

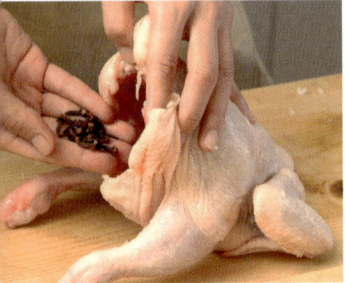

② クローブで香りをつける
今度は鶏のお腹にクローブを入れよう。ここまで済んだら1時間ほど寝かせて、塩を鶏になじませる。

③ 高温でプレヒート
鶏を寝かせている間に炭を熾し、ダッチオーブンを高温（約180℃）にプレヒート（P93参照）しておこう（写真のようにフタにも炭をのせて加熱）。プレヒートが済んだら、炭の量を減らして弱火にする。

プレヒートの温度：高温

④ 燻煙しながら焼く
❶ ダッチオーブンの底にアルミホイルを敷いて燻煙材を入れたら、中敷きを置く。
❷ 鶏に浮いてくる水気を軽く拭き取ったら、中敷きに鶏を置いてフタをする。上下（上火を少し多め）に炭を置き、弱火でジックリ45分ほど加熱すれば完成だ。

上下とも弱火

調理時間	漬け込み	1時間
2時間	塩抜き	なし
	乾燥	なし
	燻煙	45分

燻製道具
- スモーカー
- 中華鍋
- ダッチオーブン
- 小型スモーカー
- ダンボール

燻煙材
スモークチップ1/4カップ、ザラメ大さじ1

おすすめのチップ
ヒッコリー、クルミ、サクラ、リンゴなど

燻製の基礎知識はP238〜を参照。

カンタン燻製

6章

スモークのコツ
この料理のように完成直後の温かいうちに食べたい燻製は、スモークチップを控えめに使うとよい

鶏ささみの薫り焼き

スモークのコツ
中華鍋で短時間の燻煙だが、数時間熟成させると旨味がさらに増す

材料（4人分）
- 鶏ササミ肉 …… 250g
- ＜マリネ液の材料＞
- **A**
  - おろしニンニク …… 2片
  - 白ワイン …… 100mℓ
  - 塩 …… 大さじ1
  - 砂糖 …… 大さじ1
  - 黒コショウ …… 小さじ1
  - ローズマリー …… 小さじ1/4
  - クローブ …… 3粒

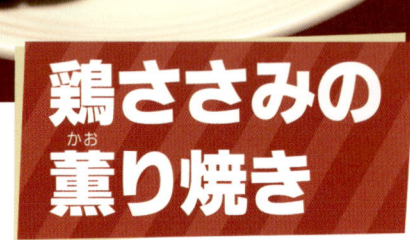

ソミール液やピックル液を準備していなくても調理できる、「マリネ法」を使った初心者歓迎の簡単燻製だ。淡泊な鶏のささみが、奥深いおいしさを醸し出す本格燻製に変身する。

1 マリネ液に一晩漬ける
材料Aをすべて合わせたら、鶏ササミ肉を一晩（ときどき裏返しながら12時間）漬ける。クーラーボックスや冷蔵庫に入れておこう。

2 洗ってから乾燥する
マリネ液から取り出したら、軽く水洗いして水気を拭き取る。風通しのよい日陰で2時間ほど乾燥させて表面が乾けばOK。

3 燻煙して完成させる
中華鍋の底にアルミホイルを敷いて燻煙材をのせる。さらに丸網を置いたら、その上に鶏ササミ肉を並べてフタかアルミホイルで覆う。中火よりやや弱めの火力で20分ほど燻煙すれば完成だ。

弱めの中火

調理時間 14時間30分
漬け込み	12時間
塩抜き	10分
乾燥	2時間
燻煙	20分

燻製道具
スモーカー：中華鍋、ダッチオーブン、小型スモーカー、ダンボール

燻煙材
スモークチップ1/3カップ、ザラメ大さじ1

おすすめのチップ
クルミ、サクラなど

ワンポイント 隠し香として、コーヒー（粉）を燻煙材にまぜてもおいしい。

燻製の基礎知識はP238〜を参照。

合鴨ブロックの燻製

合鴨肉は少し入手が難しいかも知れないが、見つけたらゼヒとも調理してほしい。シンプルな燻煙法が合鴨と抜群にマッチした！鴨肉特有のクセもない食べやすい燻製料理だ。

1 塩で下味をつける

合鴨ブロック全体に塩をもみ込んだら、2時間ほど風通しのよい場所に寝かせて乾燥させる。

2 プレヒートしておく

乾燥の間に炭を熾して、ダッチオーブンを高温にプレヒート（オーブンの下側とフタの上に炭を置いて空焚き・P93参照）。高温になったら炭を減らして弱火にする。

調理時間 2時間40分
- 漬け込み　なし
- 塩抜き　なし
- 乾燥　2時間
- 燻煙　20〜30分

3 燻しながら焼く

❶ ダッチオーブンの底にアルミホイルを敷き、燻煙材を入れて中敷きを入れる。
❷ 中敷きの上に、乾燥させた合鴨ブロックの皮面を下にして置き、フタをする。下から弱火で、上火は強めに炭を置き、20〜30分燻し焼けば完成。

材料（4〜8人分）
- 合鴨ブロック……2個（450g×2）
- 塩………大さじ1と1/2

燻製道具
スモーカー／中華鍋／ダッチオーブン／小型スモーカー／ダンボール

燻煙材
スモークチップ1/3カップ、ザラメ大さじ1

おすすめのチップ
ヒッコリー、リンゴ、ナラなど

スモークのコツ
燻煙を終えたら1時間以上、風にさらして熟成させると旨さが増す

ワンポイント　隠し香として、スモークチップと一緒に紅茶を燻してもおいしい。

燻製の基礎知識はP238〜を参照。

鶏もも肉の薫り焼き

最も簡単な「塩振り法」で燻煙調理するので、アウトドアはもちろんホームパーティーにも最適な燻製料理だ。お酒と相性のよい燻製だが、パンなどの食事用料理としてもおいしい。ダッチオーブンを持っていたら挑戦してみよう！

材料（4人分）
- 鶏もも肉……4本
- 塩……大さじ2/3

調理時間 2時間40分

漬け込み	なし
塩抜き	なし
乾燥	2時間
燻煙	30分

燻製道具
- スモーカー
- 中華鍋
- ダッチオーブン
- 小型スモーカー
- ダンボール

燻煙材
スモークチップ1/4カップ、ザラメ大さじ1

おすすめのチップ
サクラ、クルミ、リンゴなど

燻製の基礎知識はP238〜を参照。

カンタン燻製

② 塩振り法を使って味つけ

鶏もも肉に塩を直接すり込む「塩振り法」で味をつけたら、風通しのよい場所で2時間ほど乾燥させよう。

① 味をしみ込ませる穴開け

鶏もも肉全体にフォークなどでブツブツと穴を開ける。塩がしみて乾燥も早くなり、締まった食感になる。

③ 高温にプレヒートする

乾燥させている間に炭を熾して、ダッチオーブンを高温にプレヒート（オーブンの下側とフタの上に炭を置いて空焚き・P93参照）しておく。

プレヒートの温度
上下とも強火
高温

スモークのコツ

鶏もも肉に塩を均等にもみ込もう。できたてもおいしいが、1時間以上風にさらす（熟成）とさらに旨くなる

④ フタをして燻し焼く

❶ 炭を減らして弱火にしたら、ダッチオーブンの底にアルミホイルを敷き、燻煙材を置いたら中敷きも入れる。

❷ 中敷きの上に乾燥が済んだ鶏もも肉をのせてフタをする。下火は弱く、上側は中火にして約30分間、燻煙加熱すれば完成だ。

下から弱火　上から中火

201　次のページにアレンジメニューあります

鶏もも肉の薫り焼きの
アレンジメニュー

薫る鶏ももの スパゲティ

イタリア人の〆パスタとして有名なアーリオ・オーリオ・ペペロンチーネに、前ページの鶏もも肉の燻製を追加して調理した。アウトドア宴会の〆に最適なパスタになったと思う。鶏もも肉の燻製が残ったらゼヒ！ワザワザ燻製を残しても後悔しない!?パスタ料理を試してほしい。

調理時間 15分
※スパゲティを水に漬けている時間は含まない

材料（4人分）
- スパゲティ …………… 400g
- 鶏もも肉の薫り焼き …… 1本
- ニンニク …………… 2〜4片
- オリーブオイル …… 大さじ3〜4
- 赤唐辛子 …………… 1本
- オレガノ …………… 小さじ1/2
- 塩 …………………… 適量
- 粗びきコショウ ……… 適量
- パセリ ……………… 適量

① スパゲティを水に漬ける

スパゲティ（乾麺）100gに対して350mℓの水を用意。袋に入れて3時間以上漬ける。時間がのびても影響ないので事前準備可能だ。

③ 炒めて香りづけ

フライパンに刻んだニンニクとオリーブオイルを入れたら弱火で加熱。ニンニクから香りが出たら、そぎ切り鶏もも肉の燻製と、刻んでタネを除いた赤唐辛子を加えて炒める。

弱火

② 燻製を切っておく

鶏もも肉の燻製の身を、骨から外すようにそぎ切りにする。次にスパゲティがかぶる程度の湯を沸かし、塩は使わずにスパゲティを1分間ゆでて取り出しておく。

カンタン燻製

おいしさのコツ

スパゲティの太さに関わらず、レシピ通りに水に漬けてゆでればOK！ゆでるときの水の量は、麺にかぶる程度でよい

⑤ 水気はゆで汁で調整する

ゆで汁を加えながら、フライパンの中全体がシットリするように炒める。水気がととのったら、最後に塩とコショウで味を決めて完成。好みでパセリも。

④ スパゲティと合体させる

もも肉に香りがついたら、ゆでておいたスパゲティを加える。全体をまぜ合わせながらオレガノを入れよう。

おつまみサーモン

本格スモークサーモンの味には及ばないが、中華鍋で簡単に燻製して楽しいスモークサーモンを作ろう。今回は半身のサーモンを使ったが、多すぎる場合は切り身（生）を使うとよい。

スモークのコツ
切り身のサーモンを使う場合は、15分くらいの加熱燻煙が適正だ

① ソミール液を塗る
サーモンを中華鍋に入る大きさに切り、両面にソミール液をタップリ塗る。10分ほどなじませたら水気を拭き取っておく。

調理時間 40分
漬け込み	なし
塩抜き	なし
乾燥	なし
燻煙	20分

燻製道具
スモーカー：中華鍋、ダッチオーブン、小型スモーカー、ダンボール

燻煙材
スモークチップ1/3カップ、ザラメ大さじ1

おすすめのチップ
ナラ、ブナ、サクラなど

材料（4〜6人分）
- サーモンの半身………1枚
- ソミール液…………適量
※ソミール液はP239を参照。

② 燻し焼きにする
中華鍋の底にアルミホイルを敷いたら燻煙材をのせよう。さらに丸網を置いたら、そこへサーモンをのせる。フタかアルミホイルで覆って、中火よりやや弱めの火力で20分ほど燻煙すれば完成だ。

弱めの中火

ワンポイント 時間に余裕がある場合は、ソミール液を塗ってから2時間ほど乾燥させると食感がよくなる。

燻製の基礎知識はP238〜を参照。

204

カンタン燻製

干物の燻し焼き

中華鍋を使って干物を燻し焼けば、炭火やガスコンロで焼くよりも簡単においしい干物が焼ける。短時間に少ない煙で焼けるから、アウトドアのみならず家庭料理にも応用可能な調理法だ。

① 薄くソミール液を塗る
干物の身側（皮のない側）にソミール液をハケで薄く塗る。

② 水気を拭いて少し乾燥
キッチンペーパーを押し当て、水気を拭き取ったら日陰で5分乾燥する。

③ 中華鍋で燻し焼くだけ！
中華鍋にアルミホイルを敷いて燻煙材をのせる。さらに丸網を置いたら、その上に皮面を下にして干物を並べよう。フタかアルミホイルで覆ったら、中火で25分ほど加熱燻煙すれば完成だ。

スモークのコツ
スモークチップを使わずに中華鍋で蒸し焼きにすれば、普通の干物焼きも調理できる

材料（4〜5人分）
- 干物……………………適量
- ソミール液……………適量

※干物はアジ3尾、キンメダイ2尾、ホッケ2尾を使った。
※ソミール液はP239を参照。

調理時間 35分
漬け込み	なし
塩抜き	なし
乾燥	なし
燻煙	25分

燻製道具
スモーカー：中華鍋、ダッチオーブン、小型スモーカー、ダンボール

燻煙材
スモークチップ1/3カップ、ザラメ大さじ1

おすすめのチップ
ナラ、ブナ、サクラ、クルミなど

燻製の基礎知識はP238〜を参照。

しめサバの燻製

日本酒の肴としておいしい「しめサバ」を燻煙したら、各国の酒にもピタッとはまる万能おつまみに変身した。深い味の奥にはサバの味も確実に残っている。旨さに深みを醸しだす秘密は、お酢の力だと思う。

調理時間 20分	漬け込み	なし
	塩抜き	なし
	乾燥	なし
	燻煙	15分

燻製道具
中華鍋、ダッチオーブン、スモーカー、小型スモーカー、ダンボール

燻煙材
スモークチップ1/3カップ

おすすめのチップ
ヒッコリー、サクラ

材料（4人分）
- しめサバ……1パック

燻製の基礎知識はP238〜を参照。

カンタン燻製

1. 燻煙の準備をする

❶ キッチンペーパーなどで、しめサバの水気を軽く押さえるようにしながら取ろう。
❷ 小型スモーカーの底に受け皿を置いてスモークチップをのせれば、すべての準備は完了だ。

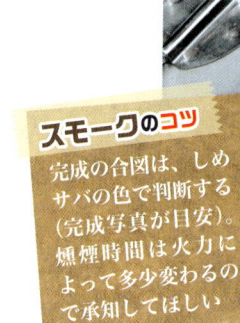

スモークのコツ

完成の合図は、しめサバの色で判断する（完成写真が目安）。燻煙時間は火力によって多少変わるので承知してほしい

2. 中段にしめサバをのせる

小型スモーカーの中段にアミをセットしたら、しめサバをのせてフタをする。

3. バーナーにのせて燻煙

スモーカーをバーナーにのせ、内部温度が100℃程度になる、中火よりやや強い火力で15分くらい燻煙して完成。

ワンポイント 中華鍋でも燻煙可能だ。その場合はスモークチップを少し減らして、10分程度の加熱が目安になる。

マスの燻製

マス釣りを兼ねたキャンプならチャレンジしてほしい燻製料理。比較的短時間で簡単に調理する「塩振り法」を使っている。この燻煙（くんえん）方法でアユやイワナ、アマゴなどの燻製もできる。渓流釣りが趣味なら覚えておきたい燻製だ。

調理時間 6時間30分
- 漬け込み　なし
- 塩抜き　なし
- 乾燥　6時間（半日）
- 燻煙　20～25分

燻製道具
中華鍋／ダッチオーブン／スモーカー／小型スモーカー／ダンボール

燻煙材
スモークチップ1/3カップ、ザラメ大さじ1

おすすめのチップ
ナラ・ヒッコリー・サクラなど

材料（2人分）
- ニジマス ……………… 2尾
- ローズマリー ………… 小さじ1
- 塩 ……………………… 小さじ1

※竹串とタコ糸を適宜用意。

1 マスを処理して塩を振る
マスを洗ってヌメリを取ったら、腹を開きワタを取り出して腹の中もよく洗う。腐敗しやすいエラも取り除いておこう。

2 ローズマリーで香りづけ
マス全体（お腹も）に塩をすり込んだら、お腹にローズマリーを入れよう。指先で押さえてローズマリーが落ちないようにしておく。

3 ブリッジをして乾燥する
マスの腹にブリッジ（突っかえ棒）をして開く。尾をタコ糸でしばり、風通しのよい日陰に吊るして半日（6時間以上、夜間可）乾燥。表皮が乾いた感じになれば終了だ。夏期は腐敗に注意！

燻製の基礎知識はP238～を参照。

カンタン燻製

スモークのコツ
燻煙時はブリッジを取り除き、フタは確実に閉めよう。一晩風にさらして熟成させると旨さ倍増だ！

④ ダッチオーブンで燻煙

❶ 炭を熾してダッチオーブンを中温（150～160℃）にプレヒート（ダッチオーブンの下に炭を置いて空焚き・P93参照）しておく。

❷ ダッチオーブンが中温になったら、炭を減らして弱火に。オーブンの底にアルミホイルを敷いて燻煙材を入れ、中敷きを置く。その上に腹を下にしたニジマスをのせてフタをする。下から弱火で20～25分ほど燻煙すれば完成だ。

※ p205の干物は身を下からの熱でコゲにくくするため皮を下にしたが、マスは完全に開きになっていないので、内部までしっかり燻すためにあえて腹側を下にしている。

プレヒートの温度　中温
下から弱火

ワンポイント　燻製調理は、秋から春の肌寒い季節が最適。夏は食材が腐敗する心配がある。

タラの薫り焼き

スモークのコツ
中火より少し弱い火力で長めに燻煙すると、フックラとした食感が残る

淡泊な味わいが特徴のタラを短時間燻煙して、食感はそのままに香りを楽しむ料理にした。各種スモークチップの特徴がよくわかる調理法なので、いろいろなチップを使ってみるのも楽しいだろう。

材料（3～4人分）
- タラの切り身………3切
- ピックル液…………適量
※ピックル液はP238を参照。

① タラに下味をつける
タラの両面にハケでピックル液を塗る。

調理時間 30分
漬け込み	なし
塩抜き	なし
乾燥	5分
燻煙	15～20分

② 味がしみたら中華鍋で燻煙する
タラの水気を拭き取り、日陰に5分ほど置いて味をしみ込ませる。中華鍋にアルミホイルを敷いて燻煙材を準備。そこへ丸網を置いてタラをのせる。フタかアルミホイルで覆い、中火で15～20分燻煙して完成。

弱めの中火

燻製道具
スモーカー：中華鍋、ダッチオーブン、小型スモーカー、ダンボール

燻煙材
スモークチップ1/4カップ、ザラメ大さじ1

おすすめのチップ
ナラ、サクラ、ブナ、ヒッコリーなど

燻製の基礎知識はP238～を参照。

黄金のシシャモ

カンタン燻製

材料（4人分）
- シシャモ ………… 16尾
- ソミール液 ……… 適量
※ソミール液はP239を参照。

調理時間 25分
漬け込み	なし
塩抜き	なし
乾燥	なし
燻煙	15～20分

燻製道具
スモーカー：中華鍋／ダッチオーブン／小型スモーカー／ダンボール

燻煙材
スモークチップ1/4カップ、ザラメ大さじ1

おすすめのチップ
ヒッコリー・ナラ・サクラなど

居酒屋メニューの定番を燻し焼きにすれば、さらに旨いつまみに料理できる。スモークチップの種類で完成時の色が大きく変わるから、好みのチップを探すのも楽しい。

① ソミール液で下味をつける
❶ シシャモ全体にソミール液を塗ろう。塗ったらキッチンペーパーなどで水気を拭き取っておく。
❷ 中華鍋にアルミホイルを敷いて燻煙材をのせる。さらに丸網を置いたら、その上にシシャモを並べる。フタかアルミホイルで覆ったら、中火よりやや弱い火力で15～20分ほど燻煙すれば完成する。

スモークのコツ
シシャモの水分が多い場合は、水気を取った後にしばらく乾燥させよう。

column 火力と食感の関係
中華鍋を使った簡単燻製は、鍋の温度によって食感が大きく変わる。強い火力ならパサッと、弱めに火力調節するとシットリした食感が残る。

ワンポイント：撮影ではナラのスモークチップを使用。ヒッコリーが最も黄金色になる。

燻製の基礎知識はP238～を参照。

飴色(あめいろ)のめざし

和風食材のめざしを燻煙して洋風のつまみにした。イワシが出す独特なにおいと煙は、緑茶燻しで中和されている。アウトドアはもちろん、レンジフードの下でも調理できる。

材料（4人分）
- めざし……………12尾

※塩味が薄いめざしには、ソミール液（P239参照）を適量塗る。

スモークのコツ
ここで使う緑茶は、出ガラシを乾燥させたモノで十分。事前に用意したい

① 水気を拭き取っておく
めざしの水気をキッチンペーパーなどを押し当て拭き取ろう。

② 燻煙の準備をする
中華鍋の底にアルミホイルを敷いたら、ザラメと緑茶を入れる。この燻煙調理にスモークチップは不要。

調理時間 25分
漬け込み	なし
塩抜き	なし
乾燥	なし
燻煙	20分

燻製道具
スモーカー：中華鍋／ダッチオーブン／小型スモーカー／ダンボール

燻煙材
ザラメ大さじ1、緑茶大さじ1

おすすめのチップ
使用しません

③ 中華鍋で燻煙を開始
ザラメと緑茶を入れた中華鍋に丸網を置いたら、そこにめざしを並べてフタかアルミホイルで覆う。中火よりやや弱めの火力で20分ほど燻煙すれば完成だ。

弱めの中火

燻製の基礎知識はP238〜を参照。

カンタン燻製

やわらかなハマグリの燻製

ハマグリは体に効く栄養成分のタウリンが豊富で、旨味成分のグルタミン酸もたくさん持っている優れた食材。ソフトな燻製にしたハマグリを食べよう！

① ハマグリを下ゆでする

フライパンに白ワインとハマグリを入れたら中火にかける。フタをしてハマグリの口が開くまで（2～3分間）ボイルしよう。

中火

② 片貝をはずして味をつける

❶ ボイルしたハマグリを冷ましたら、不要な片貝（身がついていない側）を取る。ハマグリの身に薄くピックル液を塗り、10分ほど置いてしみ込ませてから流水で軽く洗う。

❷ 水気を拭いたら、風通しのよい日陰で1時間ほど乾燥させる。

材料（4人分）
- ハマグリ……1パック
- 白ワイン……100ml
- ピックル液………適量
※ピックル液はP238を参照。

③ スモーカーで燻煙開始

小型スモーカー（今回は段ボール）の底部にスモークウッドを置き、ザラメをのせる。最上段のアミにハマグリを並べたらスモークウッドに点火する。3時間くらいの燻煙で完成だ。1時間以上風にさらし、熟成させてから食べよう。

スモークのコツ

乾燥前に味見して薄く塩気を感じるくらいが最高。塩気があれば流水で洗う

調理時間 4時間30分

漬け込み	10分
塩抜き	5分
乾燥	1時間
燻煙	3時間
熟成	1時間以上

燻製道具
- スモーカー：小型スモーカー、ダンボール（中華鍋、ダッチオーブン）

燻煙材
スモークウッド3/4本（3時間の量）、ザラメ大さじ1

おすすめのウッド
クルミ、サクラなど

213　燻製の基礎知識はP238～を参照。

しっとりホタテくん

燻製ホタテといえば、ボソボソとした食感とともに列車の旅を思い出すが、ここで料理するホタテの燻製は、ふっくらとした口当たりと豊かな香りが格別な仕上がりだ。チャーハンの具材やマリネにしてもおいしく、活用範囲も広い。

調理時間 22時間	
漬け込み	5時間
塩抜き	1時間
乾燥	2時間
燻煙	2時間
熟成	12時間

燻製道具
スモーカー：中華鍋／ダッチオーブン／小型スモーカー／ダンボール

燻煙材
スモークウッド1/2本（2時間の量）、ザラメ大さじ1

おすすめのウッド
ナラ、ブナ、サクラ、クルミなど

1 ホタテをワインでゆでる
フライパンに白ワインを50mℓ入れて、ホタテの貝柱を蒸し煮にする。フタをしてワインがなくなるまで中火で加熱だ。

2 ブレンド液に漬け込む
残りの白ワインにピックル液とベイリーブスを加えたら、①のホタテを冷ましてから5時間ほど漬け込んでおこう。

材料（4人分）
- ホタテの貝柱……10〜20個
- 白ワイン……………150mℓ
- ベイリーブス………2枚
- ピックル液…………100mℓ

※ピックル液はP238を参照。

3 塩抜きと乾燥
時間が経過したらホタテを取り出し、1時間ほど弱い流水にさらして塩抜きをする。さらに水気を拭いて、風通しのよい日陰で2時間乾燥させよう。

4 小型スモーカーで燻煙開始
スモーカー（今回はダンボールを使用）の底部にスモークウッドを置き、ザラメをのせて点火。上段のアミにホタテを並べてフタをしたら、2時間ほど燻煙すれば完成だ。

ワンポイント この燻製は保存を考えていない。冷蔵庫保存でも3日が限度だと思ってほしい。

燻製の基礎知識はP238〜を参照。

カンタン燻製

スモークのコツ

必ず一晩（12時間以上）熟成させて食べること！　夏季はクーラーボックスや冷蔵庫で漬け込もう

しっとり小エビくん

簡単調理だが味は本格燻製に負けていない。アウトドア・パーティーの前菜なら最高の贅沢気分になれる。火力が強いと水分が抜けすぎてしっとり仕上がらないので、燻煙中の火力には注意してほしい。

← 次のページにアレンジメニューあります

調理時間 4時間20分
- 漬け込み 1時間
- 塩抜き 1時間
- 乾燥 2時間
- 燻煙 20分

燻製道具
- スモーカー
- 中華鍋
- ダッチオーブン
- 小型スモーカー
- ダンボール

燻煙材
スモークチップ1/3カップ、ザラメ大さじ1、緑茶大さじ1

おすすめのチップ
サクラ、クルミ、ブナなど

材料（4人分）
- むきエビ……約300g
- ピックル液……200mℓ
※ピックル液はP238を参照。

燻製の基礎知識はP238〜を参照。

カンタン燻製

1 解凍したエビを漬ける

解凍したむきエビを、ピックル液に1時間漬け込む。

2 流水で塩抜きする

漬け込みが終了したむきエビを、弱い流水で1時間塩抜きしよう。充分に塩気を抜いた方がおいしくなる。

3 2時間乾燥させる

塩抜きが終了したら、キッチンペーパーなどで水気を拭き取り、風通しのよい日陰に置いて2時間ほど乾燥させる。ザルを使うと便利だ。

スモークのコツ

燻煙材がやっと燻る程度の弱い火力で燻煙すれば、しっとりした食感になる。火力が重要だ！

4 中華鍋で燻煙する

中華鍋の底にアルミホイルを敷き、燻煙材（緑茶も！）を置く。さらにアミをのせたら、その上にむきエビを重ならないように並べて、フタかアルミホイルで覆う。弱めの火力で20分ほど燻煙すれば完成する。

ワンポイント 小型スモーカーの内部温度を60〜70℃に保ち、2時間ほど燻煙すれば、確実にしっとり仕上がる。

しっとり小エビくんのアレンジメニュー

しっとり小エビくんのオムレツ

材料(4人分)
- しっとり小エビくん … 1/2カップ
- 卵 …………………………… 6個
- 砂糖 ……………………… 大さじ1
- 塩 ……………………… ひとつまみ
- コショウ …………………… 適量
- バター ……………………… 20g

調理時間 10分

前ページで紹介した『しっとり小エビくん』を使ってオムレツを料理する。噛みしめればエビの薫りが口に広がる、独特の味覚はクセになるかも？ 少々オムレツの形が崩れても心配無用！ 形は後からでもととのえられるのだ。

① エビと卵を準備する
小エビくんは細かく刻み、卵を軽く溶いて砂糖と塩、コショウで味つけしておく。ココでフライパンにバターを入れて弱火で加熱しよう。

弱火

③ 細かくしたエビを加える
刻んだ小エビくんをできるだけ均一になるように、パラパラと卵の上にのせる。

② 強火にして卵を焼く
バターがとけたら、強火にして軽くまぜた卵を投入する。上面が写真のように生のうちに次に進む。

強火

ワンポイント 好みでしょう油やケチャップを添えて食べよう。

カンタン燻製

おいしさのコツ
弱火でバターをとかした後は、強火にして一気に最後まで仕上げることがフックラ調理するコツ

④ オムレツ状に成形する
ここからは腕の見せ所！ フライ返しを使って卵を巻こう。テフロン加工のフライパンを使い、ハンドルを持ち上げながら傾けて、フライパンの端を利用して巻くと簡単だ。

⑤ 皿を持って盛りつける
盛りつけは写真のように、皿とフライパンを持ち、フライパンをひっくり返すようにして皿に料理を移動させる。後は濡れ布巾などを使って成形すれば完成。

カキの燻製

白ワインから焼酎まで！あらゆる酒と相性がよい燻製だ。レモンを絞ると旨みが際立つから用意しておこう。完成するとカキが縮む。材料にするカキは大きなサイズを用意したい。保存は考えていない燻製料理だ。

1 カキを蒸し煮にする

フライパンに白ワインを入れたらカキを加える。フタをして中火で2〜3分蒸し煮にする。フライパンに残る煮汁は取り置くこと！

スモークのコツ

カキに火は通っているが日持ちはしない。保存は冷暗所で一晩までと心得てほしい

燻製の基礎知識はP238〜を参照。

カンタン燻製

材料（4人分）
- むきカキ……1パック（8〜10個程度）
- 白ワイン……………………200mℓ
- 塩……………………………小さじ1/2
- しょう油……………………大さじ2
- オリーブオイル……………適量

調理時間 2時間20分
漬け込み	1時間
塩抜き	洗うだけ
乾燥	1時間
燻煙	15分
熟成	1時間以上

燻製道具
スモーカー：中華鍋、ダッチオーブン、小型スモーカー、ダンボール

燻煙材
スモークチップ1/4カップ、ザラメ大さじ1

おすすめのチップ
サクラ、クルミ、ブナなど

② 味をしみ込ませる
フライパンに残った煮汁に塩としょう油を加えてまぜ合わせたら、①のカキを冷ましてから1時間漬け込む。

③ 洗ってから乾燥する
時間が来たら漬け込み液からカキを出し、流水でサッと洗って水気を拭き取ったら、風通しのよい日陰で1時間乾燥させる。

④ 燻煙の準備をする
中華鍋にアルミホイルを敷いたらスモークチップとザラメをのせ、さらにアミを置く。

⑤ オイルを塗って燻煙
（弱めの中火）
カキに薄くオリーブオイルを塗ったら、アミの上にカキを並べる。

⑥ 燻煙スタート！
カキを入れた中華鍋をフタかアルミホイルで覆い、弱めの中火で15分ほど燻煙して完成。1時間以上熟成させてから食べよう。

ワンポイント 緑茶の葉をスモークチップにまぜて使うと、より香りが深みを増して美味しくなる。

酢ダコの燻製

燻製道具
 スモーカー / 中華鍋 / ダッチオーブン / 小型スモーカー / ダンボール

燻煙材
スモークチップ1/3カップ

おすすめのチップ
サクラ、クルミ、ナラなど

調理時間 12時間

漬け込み	一晩(12時間程度)
塩抜き	洗い流すだけ
乾燥	なし
燻煙	10〜13分
熟成	一晩(12時間程度)

タコに豊富に含まれているタウリンは、体に元気を与える栄養源。お酢も健康食材なので、このふたつを同時に摂ることができる優れたおつまみ燻製だ。今回と同じ手順でゆでダコも燻製にできる。

1 酢ダコを漬け込んで燻煙

❶タマネギとセロリを薄切りにしたら🅰の残りの材料すべてと合わせる。そこへ薄切りにしたタコを加え、一晩漬け込む(冷蔵庫推奨)。
❷漬けたタコを取り出して水で洗ったら、中華鍋に燻煙の準備をする。

2 オイルを塗って燻煙する

❶中華鍋にアルミホイルを敷き、スモークチップをのせたらアミをセット。そこへ水気を拭き取ったタコを置く。ここで味見をして塩気を確認しよう。
❷塩気に問題がなければ、全体に薄くオリーブオイルを塗っておく(塩気が強ければ再度洗う)。

3 フタをして燻煙

中火

タコをのせた中華鍋をフタかアルミホイルで覆い燻煙開始。10〜13分燻煙する。燻煙が終わったら、必ず一晩熟成させて完成。

燻製の基礎知識はP238〜を参照。

カンタン燻製

column
おいしい酢ダコを超簡単に燻製にする方法

ここで紹介した調理方法ならお酢が少し強かったり、タコの旨味が乏しくてもおいしい燻製にできる。しかし、元々おいしい酢ダコなら、漬け込み液に頼らなくても美味な燻製になってくれる。作り方はとてもシンプル！　薄切りにした酢ダコをサッと流水で洗い、水気を拭き取る。そこへ薄くオリーブオイルを塗ったら、このページで紹介した同じ手順、時間で燻煙すれば完了！　この方法でも同じように、一晩熟成させてから食べてほしい。

材料（4人分）

＜漬け込み液の材料＞

A:
- タマネギ …………… 1個
- セロリ ……………… 1/4本
- 日本酒 ……………… 400mℓ
- 砂糖 ………………… 大さじ3
- おろしニンニク …… 小さじ1/2
- フェンネル ………… ひとつまみ
- クローブ（粒）……… 2個
- ベイリーブス ……… 1枚

- 酢ダコ（ゆでダコでも可）………… 200g程度
- オリーブオイル …………………… 適量

スモークのコツ
タコはできるだけ薄く切っておこう。厚いタコを燻煙すると、固くなって食べにくいのである

ワンポイント　市販品のようには長期保存できない。冷蔵庫保存で2日間が目安だ。

茶色のかまぼこくん

日本酒やビールのつまみとして定番のカマボコだが、燻製にすると洋酒やワインともマッチングするから面白い。ザラメ効果でとても色濃く仕上がるのが特徴だ。

1 塩を塗って水を出す

かまぼこを板から外して塩を全体にもみ込み、水気を引き出そう。

2 出てくる水を拭き取る

かまぼこに浮き出す水気を軽く拭き取ったら、日陰で5分ほど乾かしておこう。

材料（4人分）
- かまぼこ……2本
- 塩……小さじ1/2

調理時間 30分
漬け込み	なし
塩抜き	なし
乾燥	5分
燻煙	15～20分
熟成	1時間以上

燻製道具
スモーカー：中華鍋、ダッチオーブン、小型スモーカー、ダンボール

燻煙材
スモークチップ1/3カップ、ザラメ大さじ1

おすすめのチップ
サクラ、クルミなど

3 燻煙して完成させる

中華鍋にアルミホイルを敷いて、燻煙材をのせる。さらに丸網を置いたら、かまぼこをのせてフタかアルミホイルで覆う。中火よりやや弱めで15～20分ほど燻煙したら、1時間以上風にさらして完成。

弱めの中火

スモークのコツ
燻煙材に緑茶大さじ1ほどを加えると、濃い色になっても燻くささが激減する

ワンポイント 材料にするかまぼこは、安価な小さな製品でOK。高級品に燻煙はモッタイナイ。

燻製の基礎知識はP238～を参照。

カンタン燻製

スモークのコツ
ちくわを中華鍋の端に近づけるとコゲることがあるので注意しよう

ちくわの薫り焼き

小ぶりなつまみ用のちくわを燻煙して、趣向を変えたつまみにした。高級品が旨いのは当然だが、安価なちくわでも飛躍的においしくなる。ギュッと締まった食感を楽しもう。

① ソミール液を塗る
ちくわ全体にハケでソミール液を塗ろう。浸透が悪いので多めに塗ってほしい。

② 燻煙すれば完成だ
中華鍋にアルミホイルを敷いて燻煙材をのせたら、その上へ丸網を置く。そこにちくわを並べたら、フタをアルミホイルで覆う。中火で10分ほど燻煙すれば完成。できたても旨いが1時間ほど風にさらすと旨さUPだ。

材料(4人分)
- ちくわ……8本(小さい物)
- ソミール液……適量
※ソミール液はP239を参照。

調理時間 15分
漬け込み	なし
塩抜き	なし
乾燥	なし
燻煙	10分

燻製道具
スモーカー: 中華鍋 / ダッチオーブン / 小型スモーカー / ダンボール

燻煙材
スモークチップ1/3カップ、ザラメ大さじ1

おすすめのチップ
サクラ、ナラ、クルミなど

燻製の基礎知識はP238〜を参照。

燻しシュウマイ

燻製はスモークした後に熟成させるのが基本だが、短時間燻煙する「燻し焼き」なら、できたてのアツアツも旨い。もちろん風にさらして熟成させれば、さらに旨くなるのは当然だ。しょう油と煙の絶妙なマッチングを堪能しよう。

調理時間 20分

漬け込み	なし
塩抜き	なし
乾燥	なし
燻煙	15分

燻製道具
スモーカー / 中華鍋 / ダッチオーブン / 小型スモーカー / ダンボール

燻煙材
スモークチップ1/4カップ、ザラメ大さじ1

おすすめのチップ
サクラ、クルミ、リンゴなど

材料(4人分)
- 冷凍シュウマイ……1パック
- オリーブオイル……適量
- しょう油……適量

ワンポイント このままでも旨いが、好みで塩コショウや、餃子のタレ(おろしニンニクを加えてもグー)でも食べてみよう。

燻製の基礎知識はP238〜を参照。

カンタン燻製

1 解凍して調理開始

❶ シュウマイは冷凍のままでも調理可能だが、少し燻煙時間が長くなる。1時間ほど自然解凍させてから調理すると、本書の調理時間内に収まる。
❷ シュウマイにオリーブオイルを薄く塗る。

2 しょう油で味つけ

オリーブオイルの上からしょう油をたらすように塗る。

3 中華鍋で燻煙の準備

中華鍋の底にアルミホイルを敷いてスモークチップとザラメを置いたら、丸網ものせておこう。

スモークのコツ

強めの火力なのでしょう油がコゲやすい。この写真くらいの色合いになったら完成の合図

4 シュウマイをのせる

今度は丸網にシュウマイを並べる。適度な間隔を取ることが大切だ。

強めの中火

5 フタをして燻煙する

フタかアルミホイルで覆ったら、強めの中火で15分くらい燻煙すれば完成だ。

奥深〜い旨さの味噌漬けタマゴくん

調理時間 20時間

漬け込み	一晩（12時間程度）
塩抜き	1時間
乾燥	なし
燻煙	1〜1時間30分
熟成	約6時間以上

材料（3〜6人分）
- 卵 …………………………… 6個
- 白味噌（甘めの味噌）……… 150g
- ソミール液 ………………… 150mℓ

※ソミール液はP239を参照。

燻製道具
スモーカー／中華鍋／ダッチオーブン／小型スモーカー／ダンボール

燻煙材
スモークウッド1/4本（1時間の量）、ザラメ大さじ1

おすすめのウッド
サクラ、クルミ、ナラなど

少し手間をかけた「おもてなし料理」にもなる燻製だ。甘めの白味噌を使うことと、卵のゆで時間はキッチリ守って調理してほしい。今回は私好みの半熟にしてレシピを書いたが、ゆで加減は好みに仕上げてもOKだ。

1 卵をゆでる

水からゆではじめ、沸騰してから約7分30秒ゆでて、半熟のゆで卵を作ろう。

2 卵を漬け込む

ソミール液と味噌を丁寧にまぜ合わせたら、殻をむいたゆで卵を入れて漬け込む。密閉袋が便利だ。

3 一晩寝かせる

漬け込んだ卵を冷蔵庫かクーラーボックスに入れ、一晩（約12時間）寝かせよう。ときどき向きを変えて味を均一にしたい。

燻製の基礎知識はP238〜を参照。

カンタン燻製

スモークのコツ
高温になると卵が固まるので、燻煙温度を上げないように注意しよう。60～70℃が基本温度だ

④ 流水で塩抜きする
漬け込みが終了したゆで卵を1時間程度、弱い流水にさらして塩抜きしたら、水気を拭き取っておこう。

⑤ 小型スモーカーで燻煙
小型スモーカーかダンボールスモーカーの底部にスモークウッドを置き、その上にザラメをのせる。上段のアミにゆで卵を並べてフタを閉じたら、1時間～1時間30分くらい燻煙して完成だ。6時間以上熟成させてから食べよう。

ワンポイント 風が吹くとスモークウッドは早く燃え、燻煙効果も弱まる。燻煙時間に幅があるのは、風の強さによる燻煙効果の違いを考慮している。

パリッとスモーク餃子

最も簡単に冷凍餃子を調理する方法がコレ！ ポイントは事前に自然解凍するだけなので失敗も考えにくい。餃子のタレでもうまいが、塩とコショウで食べても美味いのは燻煙(くんえん)調理ならではだろう。

1 中華鍋で燻煙するだけ！

❶ 中華鍋の底にアルミホイルを敷いて燻煙材をのせ、丸網を置いたら間隔を開けながら解凍した餃子を並べる。

❷ 中火よりやや弱めで15分ほど燻煙すれば完成する。

❸ 塩とコショウのほか、しょう油にラー油や酢を合わせた餃子のタレもうまい。さらにおろしニンニクを加えると、より刺激的な味になる。

スモークのコツ
解凍せずに冷凍のまま燻煙調理する場合は、燻煙時間を数分延長する必要がある

材料（2〜4人分）
- 冷凍餃子…1パック
※好みで塩、コショウ、しょう油、ラー油、酢、おろしニンニクなども用意。

調理時間 20分
漬け込み	なし
塩抜き	なし
乾燥	なし
燻煙	15分

燻製道具
中華鍋／ダッチオーブン／小型スモーカー／ダンボール

燻煙材
スモークチップ1/3カップ、ザラメ大さじ1

おすすめのチップ
サクラ、クルミ、リンゴなど

ワンポイント 調理時間に解凍時間は含まれていないのでご注意を。

燻製の基礎知識はP238〜を参照。

古漬けきゅうり&奈良漬けの燻製

スモークのコツ
風に1日さらして熟成を完全にすると、旨味が凝縮されるからゼヒやろう！

① 乾燥させることが大切

❶ きゅうりの古漬けの水気を絞るように、キッチンペーパーなどを押し当てて水分を取る。
❷ 奈良漬けも表面の酒粕を除いてから、絞るようにして水気を出す。水気を拭き取ったらネットに入れて、風通しのよい場所で一晩（12時間ほど）乾燥させる。

調理時間 14時間
- 漬け込み　なし
- 塩抜き　なし
- 乾燥　12時間
- 燻煙　2時間

燻製道具
スモーカー／中華鍋／ダッチオーブン／小型スモーカー／ダンボール

燻煙材
スモークウッド1/2本（2時間の量）、ザラメ大さじ1

おすすめのウッド
サクラ、クルミなど

② スモーカーで燻煙する

小型スモーカー（ダンボール可）の底部にスモークウッドを置き、その上にザラメをのせて点火。上段のアミに間隔をとりながら漬け物を並べてフタをする。2時間ほど燻煙すれば完成。

うまい漬物に燻煙すると斬新なおつまみになるが、安価な外国産の漬け物でも燻製にすれば酒の肴には好適だ。魔法のような燻煙効果に期待しよう！

材料（4人分）
- きゅうりの古漬け……1パック
- 奈良漬け……1パック

ワンポイント 燻煙温度は神経質になる必要はないが、乾燥は充分に行うことが大切だ。

燻製の基礎知識はP238～を参照。

カマンベールチーズの燻製

材料(6〜8人分)
- カマンベールチーズ … 2パック
- 白コショウ(粒) ……… 大さじ1
※粗びきの白コショウでも可。
※耐熱容器を用意。

とけやすいカマンベール(ナチュラル)チーズを中華鍋で燻製にした。とけやすい特徴を利用して燻煙途中でまぜて作るマーブルバージョンと、白コショウをまぶした香り高いスモークチーズの作り方を紹介する。不可欠な熟成時間を調理時間に含めている。

スモークのコツ
カマンベールには表皮部分があるので、とけても簡単には流れないが、扱いは慎重にしよう

1 白コショウの香りをつける
ひとつのカマンベールに粒を砕いた白コショウ(粗びきでも可)をすり込み、指先で押さえる。もうひとつのカマンベールはそのまま。ふたつともそれぞれ別の耐熱性の器に入れておこう。

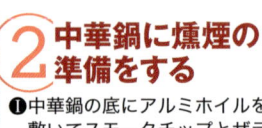

2 中華鍋に燻煙の準備をする
❶ 中華鍋の底にアルミホイルを敷いてスモークチップとザラメを置き、さらに丸網を置こう。燻煙材にコーヒー粉を加えると色が濃くなる。
❷ 丸網の上に❶の耐熱容器をふたつのせたら、フタかアルミホイルで覆う。弱めの中火で10分ほど燻煙する。白コショウをまぶした方は、取り出して一晩熟成させて完成。

弱めの中火

調理時間 12時間20分

漬け込み	なし
塩抜き	なし
乾燥	なし
燻煙	10分
熟成	12時間程度

燻製道具
スモーカー: 中華鍋、ダッチオーブン、小型スモーカー、ダンボール

燻煙材
スモークチップ1/3カップ、ザラメ大さじ1

おすすめのチップ
サクラ、クルミなど

ワンポイント 熟成に時間をかけるが、調理時間はとても短い！気軽に調理してみよう。

燻製の基礎知識はP238〜を参照。

カンタン燻製

マーブルバージョン

白コショウ
バージョン

③ マーブルバージョンを作る

何もしないで耐熱容器に入れたカマンベールチーズは、燻煙を終えたら熱いうちにスプーンなどで崩しながらマーブル状にまぜる。やけどに注意しよう！

④ 適当な器に入れて固める

燻煙した部分と地色の部分を、重ねるようにまぜたら新たな容器に入れ、固まるのを待ちながら一晩熟成させる。これでマーブルバージョンも完成だ。

プロセスチーズ 2種類の燻製

スモークのコツ
必ず1日、風にさらし熟成させてから食べよう。燻煙温度は60℃が適切だ

燻製入門に最適な、プロセスチーズを最も簡単に燻煙した。ノーマル・スモークと、香り高く少し辛いチーズの2種類を同時調理する。必ず白コショウを使おう。

調理時間 4時間10分

漬け込み	なし
塩抜き	なし
乾燥	なし
燻煙	4時間
熟成	1日

燻製道具
スモーカー、中華鍋、ダッチオーブン、小型スモーカー、ダンボール

燻煙材
スモークウッド1本(4時間の量)、ザラメ大さじ2

おすすめのウッド
サクラ、クルミ、リンゴなど

① 白コショウをまぶす
ひとつはそのまま燻煙するが、もうひとつのチーズには白コショウ(粒は大雑把に砕く)をすり込んでチーズに定着させる。かなりたくさんつけても大丈夫だ(写真参照)。

② スモーカーで燻煙する
小型スモーカー(ダンボールでも可)の底部にスモークウッドを置き、その上にザラメをのせる。点火して上段のアミにチーズを並べてフタをする。無風なら4時間の燻煙で完成。風がある場合は燻煙時間を延長。

材料(8人分)
- プロセスチーズ……………2パック
- 白コショウ(粒)……………大さじ1

※チーズは今回、1ポンドの物を2個使用。
※粗びきの白コショウでも可。

ワンポイント 燻煙材にコーヒー粉をまぜると色が濃くなる。

燻製の基礎知識はP238〜を参照。

カンタン燻製

イモけんぴのコーヒー燻

四国名物の素朴なお菓子「芋けんぴ」を、コーヒーで燻(いぶ)したら大人のおやつに大変身した。お菓子の燻製には違和感があるかも知れないが、毛嫌いせずにゼヒ試してほしい。

弱めの中火

① コーヒーで燻すだけで完成する

❶ 中華鍋にアルミホイルを敷いてコーヒー粉（挽いた豆＝大さじ2）をのせる。さらに丸網を置こう。

❷ 網の上に芋けんぴを並べたら、フタかアルミホイルで覆(おお)う。中火よりやや弱めの火力で加熱しよう。煙があがってから5分ほど加熱燻煙(くんえん)すれば完成。煙のかけすぎに注意しよう！

調理時間		
10分	漬け込み	なし
	塩抜き	なし
	乾燥	なし
	燻煙	5分

燻製道具
スモーカー：中華鍋／ダッチオーブン／小型スモーカー／ダンボール

燻煙材
コーヒー粉大さじ2

おすすめのチップ
使用しません

スモークのコツ
表面の砂糖が少しとけ落ちる程度で完成。煙が出たら5分間加熱を厳守だ

材料（4人分）
● 芋けんぴ……………1袋

ワンポイント　燻煙材にするコーヒー粉は、乾かした出ガラシでもOK。再利用しよう！

燻製の基礎知識はP238〜を参照。

調味料の燻製

ここで紹介する「調味料の燻製」は、使いすぎに注意！うっすらと燻製風味を感じる程度に使うことが肝心だ。少し使うだけであらゆる料理にコクを与え、旨味を引き出してくれる。瞬時に味をよくする魔法のような調味料を自作してみよう。

しょう油の燻製

しょう油は希釈保存することを前提にして燻煙するが、ホンの数滴で燻製風味を感じることができる。

材料
- しょう油……200mℓ
- ※作りやすい分量でもよい。
- ※耐熱容器を用意。

調理時間 20分
- 漬け込み　なし
- 塩抜き　なし
- 乾燥　なし
- 燻煙　20分

燻製道具
- スモーカー：中華鍋／ダッチオーブン／小型スモーカー／ダンボール

燻煙材
- スモークチップ 1/2カップ

おすすめのチップ
- サクラ、クルミ、リンゴなど

作り方
1. スモーカーの底に燻煙材と丸網をセットして、その上に耐熱容器に入れたしょう油（100mℓ）を置く。
2. 中火で約20分燻煙すれば完成。少し冷ましてから、残しておいたしょう油とまぜ合わせる。

使い方いろいろ
あらゆる料理に使って旨味を引き出すが、私的には餃子のタレや磯辺焼きのしょう油に少しまぜて使うのが好みだ。

味噌の燻製

燻煙中に（6分ほど経過した頃）味噌を撹拌すると燻煙効果が大きくなり、料理への使用量が減らせるので経済的だ。

作り方
1. スモーカーの底に燻煙材と丸網をセットして、その上に耐熱容器に入れた味噌を置く。
2. 中火で約10分燻煙する。燻煙中に1度、味噌をまぜ合わせる（撹拌する）と、燻煙効果が上がって、燻製味噌の使用量を減らせるので経済的だ。

材料
- 味噌……適量
- ※耐熱容器を用意。

燻製道具
- スモーカー：中華鍋／ダッチオーブン／小型スモーカー／ダンボール

燻煙材
- スモークチップ 1/4カップ

おすすめのチップ
- サクラ、クルミ、リンゴ

調理時間 約10分
- 漬け込み　なし
- 塩抜き　なし
- 乾燥　なし
- 燻煙　10分

使い方いろいろ
普通の味噌に少しまぜると、鍋料理の調味料として最適。マヨネーズやカラシとまぜて野菜のソースとしてもうまい。

燻製の基礎知識はP238～を参照。

カンタン燻製

塩の燻製

天然塩に含まれている雑味が、燻煙効果を最大に引き出してくれるから、材料は必ず天然塩を使おう！

使い方いろいろ
普通の塩に少しまぜて使うだけで、あらゆる料理をマイルドにすると同時に、旨味を引き出してくれる。天ぷらや野菜のつけ塩にもススメル。

調理時間 10分

漬け込み	なし
塩抜き	なし
乾燥	なし
燻煙	10分

燻製道具
スモーカー：中華鍋／ダッチオーブン／小型スモーカー／ダンボール

燻煙材
スモークチップ1/4カップ

おすすめのチップ
サクラ、クルミ、リンゴ

作り方
1. スモーカーの底に燻煙材と丸網をセットして、その上に耐熱容器に入れた塩を置く。
2. 中火で約10分燻煙する。塩が固まるので、少し冷ましてから、全体を砕くようにまぜ合わせれば完成。

材料
- 天然塩……適量
※耐熱容器を用意。

オリーブオイルの燻製

数滴使うだけで燻製風味を感じるので、普通のオリーブオイルとまぜて使おう。使いすぎには注意してほしい。

材料
- オリーブオイル…100mℓ
※作りやすい分量でもよい。
※耐熱容器を用意。

調理時間 10分

漬け込み	なし
塩抜き	なし
乾燥	なし
燻煙	10分

燻製道具
スモーカー：中華鍋／ダッチオーブン／小型スモーカー／ダンボール

燻煙材
スモークチップ1/4カップ

おすすめのチップ
サクラ、クルミ、リンゴ

作り方
1. スモーカーの底に燻煙材と丸網をセットして、その上に耐熱容器に入れたオリーブオイルを置く。
2. 中火で約10分燻煙すれば完成。なお、黒いコゲが沈殿している場合は上澄みを使おう。

使い方いろいろ
イタリア料理はもちろん、ラーメンや漬け物に数滴かければ風味が増す不思議な万能オイル。卵かけご飯にも抜群の効果を発揮してくれる。

燻製の作り方

燻製をひとことで紹介するなら、燻煙材を加熱して発生させた煙で材料を燻すこと。この燻し効果が素材の風味、味わいにさまざまな変化をもたらす。本書で紹介したレシピをよりおいしくするため、知っておきたい基礎知識を紹介する。

燻製作りの手順

大きくは6つの手順で完成

燻製作りの始まりは、材料の下ごしらえから。素材を切ったり、魚ならば下処理も必要になる（材料によっては、とくに必要のないものもある）。次は塩漬け、塩抜きの作業。材料に均等に塩分をしみ込ませ、仕上がり時の味や色合いをよくし、保存性を高める目的がある。こうして塩分の入った材料を陰干しで乾燥させる手順を経て、いよいよ燻煙材で材料を燻す。これが燻煙とよばれる作業。これで燻製の完成だが、完成後に風にさらす熟成時間をセットで考慮したい。中には数時間から数日、熟成が必要な燻製もある。

```
材料の下ごしらえ(下処理)
 ↓
塩漬け(漬け込み) 手順❶ P238
 ↓
塩抜き 手順❷ P239
 ↓
乾燥 手順❸ P239
 ↓
燻煙(燻し) 手順❹ P240
 ↓
熟成
```

※この手順は基本的なながれです。材料によって、各手順が簡略化されるものがあります。

手順❶ 塩漬け(漬け込み)

味や色合いをよくする

塩漬けの目的は、材料に均等に塩分をしみ込ませることで、仕上がりの味わいや色合いをよくするほか、保存性を高めて腐敗を防止することにある。代表的な方法は「ピックル法」と「ソミール法」の2つだが、塩を材料に直接振る「塩振り法」や「マリネ法」もある。燻製の仕上がりを左右するプロセスだ。

ピックル法

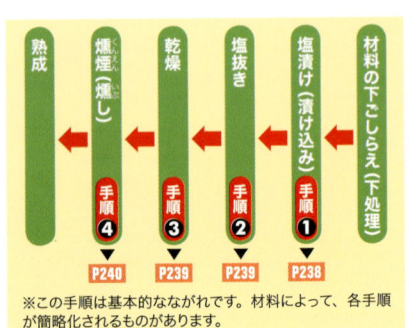

おもに肉や魚の塩漬けに使う方法で、ソミール法とともに、基本的な塩漬け法として知られている。リキュールやハーブを入れたピックル液に材料を漬け込む。冬場なら常温で、夏場は冷蔵庫で1ヶ月ほど保存がきく。

ピックル液の材料

- 水……………1ℓ
- 天然塩……1カップ
- 三温糖……大さじ4
- しょう油……大さじ3
- バーボン……大さじ1
- ハーブ&スパイス……適宜

※塩の種類によって塩がとけきらない場合もあるが、そのまま使って大丈夫。
※ハーブ&スパイスは、クローブや白コショウ、ローズマリーなど、好みのものでどうぞ。

ピックル液に香味野菜やハーブ&スパイス、ワインなどをまぜたものを、ブレンドピックル液と呼ぶ。

ピックル液の作り方

1 鍋にバーボン以外の材料をすべて入れて加熱する。沸騰してきたら弱火にして、20分程度煮込む。

2 火を止めたらバーボンを加える。さらに、好みのハーブやスパイスを加え、冷ませば完成。

ソミール液の材料
- 水 …………… 1ℓ
- 天然塩 … 1/3カップ弱
- 黒コショウ … 小さじ1
- ブーケガルニ …… 1束

※塩の種類によって塩がとけきらない場合もあるが、そのまま使って大丈夫。

ソミール法
ソミール液に材料を漬け込む方法。本書では10〜15％の食塩水にハーブと黒コショウをまぜたものをソミール液と呼んでいる。塩が食材に均等に入るので、仕上がり具合がよくなり、発色もきれいになる。

ブーケガルニとは？
ハーブや香草を束にしたものをブーケガルニという。今回はセロリ、パセリの茎、ベイリーブス数枚を束ねた。

食塩水の塩分濃度を知るには？
生卵を食塩水に入れて中央付近で浮いていれば、その食塩水は約15％の塩分濃度。これを目安に10〜15％の食塩水が作れる。

ブーケガルニは取り出して、容器に移す。冷蔵庫で保存する。

ソミール液の作り方
❶ 鍋に水と塩を入れ、沸騰させながら塩をとかす。根気よくまぜながらとかそう。
❷ 沸騰したら黒コショウとブーケガルニを入れ、弱火で5分程度煮込む。冷ましてからブーケガルニを取り出せば完成。

手順❷ 塩抜き
全体の塩分を均一にする
塩抜きも完成品の味や保存性、色合いにまで影響する大切な手順。塩漬けをすると、どうしても内部に比べて表面付近の塩分が濃くなりがち。そこで表面付近に流水をあてて流し、表面も内部も均一な塩分にする。

このようなネットに入れて乾燥させれば、ネコやカラスなどの被害も防げる。日用大工センターなどで市販されている。

素材や塩漬けの時間によって、塩抜きの時間も変わってくる。写真のように、食材に弱く流水をかけ続けて塩分を抜く。

手順❸ 乾燥
外気か冷蔵庫で食材の水分を減少
塩抜きをした食材の水分を減らして保存性を高め、さらに、煙のノリをよくして美しく仕上げるのが乾燥の目的だ。アミやザルに食材を置いて（ラップ不要）おくだけ。寒い季節は日陰で外気にさらす方法がよいが、外気温が高い季節は、冷蔵庫で乾燥させるのが腐敗防止のために安全だ。

手順 ❹ 燻煙（燻す）

煙の効果で雑菌の繁殖を抑える

燻煙作業では、燻煙材と呼ばれるスモークチップなどを加熱して煙を発生させる。この煙が食材の表面を覆うことで雑菌の浸入を防ぎ、さらに、内部に浸透した煙は雑菌の繁殖を食い止め、材料の保存性を高めてくれる。燻煙には維持する温度によって3つの方法があり（左の枠内参照）、仕上がりや保存性に違いがある。

中華鍋、スモーカー、ダッチオーブンなどを遮へいして、中の食材にまんべんなく煙をかけるのが燻煙。

燻煙の種類

熱燻
100℃くらいの高温で短時間に燻煙する方法。本書で紹介した多くの燻製料理は、この方法で調理可能だ。炙って焼いたような口当たりが特徴。

温燻
60〜70℃で燻煙処理する方法。完成時の水分量が多めなので保存には適さず、冷蔵庫保管でも数日以内が限度だと覚えておこう。口当たりは柔らかく仕上がる。

冷燻
長時間の塩漬けと、約40℃をキープして長時間の燻煙処理が必要。比較的長期間の保存がきく。仕上がりの歯応えはかたく、噛むほどに素材の旨味が出るのが特徴。

燻煙材、燻製作りの道具

チップとウッドの2種類がある

燻製作りに欠かせないのが、燻煙時に煙を発生させる燻煙材。木材を細かく砕いたようなスモークチップと、木屑を圧縮して固めたスモークウッドの2種類がある。どちらもサクラ、リンゴ、ナラ、ヒッコリーなど、さまざまな木の種類がある。香りや色づきが異なるので、食材との相性で選び分けよう。

このほかにも、燻製作りの道具として、スモーカー、アミ、ハケ、料理用温度計、アルミホイル、乾燥用ネットなどがある。

スモークチップ
スモークチップは直接火をつけるのではなく、容器に入れてガスや炭で加熱し、コガすことで煙が発生する。火力が強すぎたり、スモーカー内の空気が多いとチップが燃え出すので注意したい。

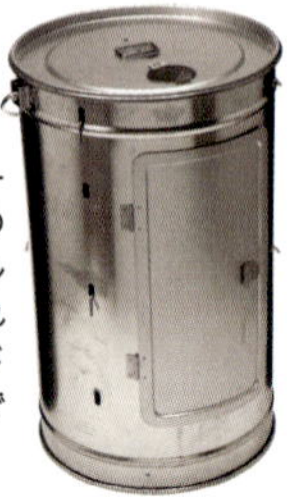

スモークウッド
スモークウッドは、直接点火して使う。長時間安定して燻し続けられるが、小型のスモーカーでは、内部の温度がかなり上昇するので注意しよう。スモークウッドは、1本で約4時間ほど燃え続けるので（無風状態）、燻煙する時間によって折って分量を調整する。

市販の小型スモーカーは、金属製のほか、ダンボール製なども販売されている。アウトドアショップなどで購入できる。

7章 ごはん&パスタ&麺

野外料理の主食として、見た目と味わいがにぎやかな山ごはん、海ごはん14品を紹介。外で食べたい麺類やパスタも、人気のオリジナルレシピばかり。

鉄板パエリア

調理時間 1時間

材料(4人分)

- サフラン……………ひとつまみ
- 水……………………400mℓ
- ハマグリ……………8個
- アサリ………………16個
- ホタテの貝柱、ムール貝など
  　　　　　　　　……………適量
- イカ…………………1杯
- 大エビ………………4尾
- 鶏もも肉……………200g
- ピーマン……………1個
- トマト………………1個
- タマネギ……………1個
- オリーブオイル……大さじ3
- 米(無洗米が便利)……2カップ
- 白ワイン……………200mℓ
- コショウ……………適量
- タイム(あれば)……少々
- 塩……………………適量
- 粗びきソーセージ(チョリソー)
  　　　　　　　　……………1パック

スペインの代表料理パエリアを、鉄板で豪快に料理しよう！ この料理専用のパエリアパンは浅く広いのが特徴的。それならフライパンより鉄板を使うほうが好都合というワケだ。

ワンポイント 途中で水気が不足したら、水を追加しよう。

ごはん&パスタ&麺

1 材料を切り分ける

まずサフランを100mlの水に漬けておく。貝類は砂抜きして洗い、イカはさばいて輪切り。エビは皮をむき、鶏肉はぶつ切り、ピーマンとトマトはサイの目切り、タマネギはみじん切りにする。

おいしさのコツ
パエリアは米を炊くという概念ではなく、蒸し焼きにするのだから、途中の差し水もOK!

2 炒めから開始する

鉄板に大さじ1のオリーブオイルを加熱したら鶏肉に焼き色をつけ、トマト、ピーマン、タマネギも炒めて一度取り出そう。

3 サフラン色をつける

弱火にした鉄板にオリーブオイル大さじ2をひき、すぐに米を入れて炒め、ひと炒めしたらサフランをつけ汁ごと加える。

4 ここで薄く味をつけよう

さらに白ワインと300mlの水、②で炒めた鶏肉、トマト、ピーマン、タマネギとスパイス類も加えてまぜたら、塩で薄く味をつけておく。

5 形よく具材をのせる

全体を平たくならしたら、残りの具材（魚貝類など）を形よくのせる。アルミホイルで全体をカバーして、米が柔らかく煮え、貝の口が開けば完成だ。

松茸風味の キノコごはん

おいしさのコツ
材料にバター20gを加えると、松茸風味は薄くなるが確実においしくなる

キャンプ仲間と一緒に笑える、松茸風味のお吸い物を使ったフェイクまぜご飯だ。切り分けると松茸と似た形になるエリンギとキノコが材料なので松茸は使わない。だましてご免！

① 米をキノコたちと一緒に炊く
研いだ米の入った鍋に水を加えたら、そこへ薄切りのエリンギとシイタケ、食べやすく株分けしたシメジを加えて、弱火でご飯を炊く。

② 松茸風味を加える
❶ ご飯を炊く鍋から出る蒸気が減り、ピチピチと音がしたら1分間ガマン。コゲくさくなったら炊きあがりだ。
❷ 炊きあがったキノコ飯に、インスタントの「松茸の味お吸い物」としょう油を適量たらしてまぜる。フタをして15分間蒸らせば完成だ。

調理時間 35分

材料（4人分）
- 米……………………………2カップ
- 水……………………………400ml
- エリンギ……………………1パック
- シイタケ……………………8個
- シメジ………………………1パック
- インスタント松茸のお吸い物……2袋
- しょう油……………………適量

ワンポイント 松茸風味を強調するなら、しょう油を塩に変えるとよい。

ごはん＆パスタ＆麺

桜香るエビごはん

コゲやすい炊き込みご飯をアウトドアで調理するのには少々技が必要だが、この料理は味つきエビをご飯にまぜるだけなので心配は無用だ。にぎやかご飯だが純和風である。

① 米の準備をする

❶ 米を研いでザルにあける。桜の塩漬けは水に漬けて塩抜き。この間にショウガを皮ごと千切りにしておこう。
❷ 30分ほど米をザルに置いたら、鍋に入れて水を注ぐ。そこに塩抜きした桜の水気を軽く絞って加える。

② 米を炊く間にエビに味つけ

エビ中火　弱火→超弱火

❶ 米を入れた鍋にフタをして弱火で米を炊く。立ちのぼる湯気が減り、鍋からピチピチと音がしたら最弱火にする。米がコゲるにおいがしてから30秒後に火を止めよう。
❷ 米を炊く間にフライパンに酒、砂糖、しょう油を入れて沸騰させる。そこにエビと千切りショウガを加え、再び煮たったらアクを取りながら、煮汁が1/4ほどになるまで煮詰める。

③ エビとご飯を合体させる

炊きあがったご飯にエビを煮汁ごと加え、まぜ合わせて15分ほど蒸らせば完成だ。

調理時間 1時間10分

材料（4人分）

- 米　……　3カップ
- 桜の塩漬け　……　大さじ2
- 水（塩抜き用）　……　適量
- 水（米炊き用）　……　600ml
- 日本酒　……　大さじ3
- 砂糖　……　大さじ1と1/2
- しょう油　……　大さじ4
- むきエビ　……　200g
- ショウガ　……　30g

おいしさのコツ

桜の塩漬けが入手できない場合は無視して調理OK

焼きおにぎりの イタリあんかけ

調理時間 **20分**

イタリア料理の基本材料を使ったキノコあんを、焼きおにぎりにかけた。軽い食事や飲んだ後の〆にはピッタリ。炭火の焼きおにぎりにあきたら調理したい、わがままな贅沢料理だ。

① おにぎりを焼く
弱火

手に少し塩をつけて、固めにおにぎりを握る。しっかり握ったおにぎりを弱火で焼く。両面をコンガリと焼きあげよう。

② イタリあんを作る
中火

フライパンにオリーブオイルと刻んだニンニク、赤唐辛子（タネは除く）を入れて中火にかける。ニンニクの香りがしたら株分けしたシメジ、バジルとコンソメも加えて炒める。水溶き片栗粉でトロミをつけたら塩とコショウで味をととのえ、焼きあがったおにぎりにかければ完成。

材料（4人分）

塩（おにぎり用）	適量
ご飯	おにぎり4個分
オリーブオイル	大さじ1/2
ニンニク	1片
赤唐辛子	1/2本
シメジ	1パック
バジル（粉）	小さじ1/2
コンソメ（顆粒）	小さじ1
水	200ml
片栗粉	大さじ1
塩（味つけ用）	適量
コショウ	適量

おいしさのコツ
おにぎりは手に少し塩を振り、固めに握って弱火で乾かすように焼こう

246

ごはん&パスタ&麺

おいしさのコツ
バジルをヨモギに代えると、二日酔いに効果的なうまい雑炊になる

調理時間 10分

バジルとベーコンの雑炊

持ち運びやすく、保存性もよいドライバジルを使った朝食や夜食に重宝する雑炊だ。バジルをオレガノや魚料理に使うフェンネルに代えて調理しても、楽しくて美味い。

材料(4人分)

冷や飯	2膳分	コショウ	適量
昆布だし	600mℓ	ドライバジル	適量
ベーコン	4枚	卵黄	4個
しょう油	適量		

① ご飯を昆布だしで軽く煮る
❶ ご飯を洗ってザルにあげておく。
❷ 昆布だしを鍋で沸騰させ、そこへ食べやすく切ったベーコンとご飯を加えてひと煮立ちさせる。

中火

② 味と風味を薄くつける
しょう油とコショウで味つけし、バジルを加えて風味づけする。

③ 盛りつけたら卵黄
各自の器に盛りつけたら、真ん中に卵黄を落としてできあがり。

ワンポイント ご飯粒が2倍の大きさになるくらい、昆布だしで煮るのが目安だ。

サフランのリゾット

鮮やかな黄色が食欲をそそるリゾットを、冷凍シーフードミックスを使って簡単にした。予算に合わせて材料を加減しても料理できるから、構えず気楽に調理しよう。

おいしさのコツ
タマネギを弱火でジックリ炒めると、甘みが出ておいしく仕上がる

調理時間 35分

1 米は炒めてから煮る

❶ 米を研ぎ、サフランを分量の水に入れる。タマネギ、ニンニク、パセリはみじん切り。トマトはザク切り、レモンはスライスしておく。冷凍シーフードミックスは常温で解凍する。
❷ 鍋にオリーブオイルを入れてタマネギとニンニクを炒め、シーフードミックスも加えて炒める。水気が減ったら米も加えて炒めよう。

弱火

2 サフラン水を入れる

米が油になじんだら、白ワインとサフランを入れた水、トマト、パセリ、コンソメを加えてコトコト煮続ける。

弱火

3 仕上げにレモンを加える

鍋の中が沸騰したらスライスレモンを加えて、米が柔らかくなるまで煮込む。最後に塩、コショウで味をととのえて完成。

材料（4人分）

米	1と1/2カップ	レモン	1/3個
サフラン	ひとつまみ	冷凍シーフードミックス	250g
水	400mℓ	オリーブオイル	大さじ4
タマネギ	1/2個	白ワイン	200mℓ
ニンニク	1片	コンソメ	1個
パセリ	1枝	塩	適量
トマト	1個	コショウ	適量

ワンポイント 刻みパセリを少し残しておいて、盛りつけ後に飾ると見た目もおいしくなる。

ごはん&パスタ&麺

タコライス

メキシコ料理のタコスが沖縄で進化してご飯料理になった。市販「タコミックス」を使って手軽に料理するが、本家沖縄味を"タコおやじ"が野外風味にアレンジした。

調理時間 15分

① ひき肉を炒めて具を作る
フライパンで牛ひき肉を炒め、タコミックスの調理方法に従って具を作る。分量の水を使って5分ほど煮込もう。（中火）

② レモン風味のご飯
ひき肉を煮る間に、ご飯とすりおろしレモンをまぜる。洗ったレモンを皮ごとすりおろすと、爽やかな風味が際立つ。

③ チップスを砕く
辛いポテトチップスを適当に砕く。これをトルティーヤチップスに代えるとボリュームが増す。

④ トマトとレタスを刻み完成
お皿にレタス→レモン風味ご飯→刻みトマト→タコス味の肉+チップスを彩りよく盛りつけたら完成だ。

材料（4人分）
- 牛ひき肉………400gくらい
- タコミックス…適量（4人分）
- 水………………100mℓ
- ご飯……………4人分
- レモン（皮付き）……1/2個
- 辛いポテトチップス……1袋
- レタス…………1個
- トマト（中）……2個

※ポテトチップスはトルティーヤチップスでも可。

おいしさのコツ
レトルトのタコスの具は入手しやすいが、ひき肉を追加しないと物足りない

ワンポイント 事前に炊くなどして、忘れずにご飯を用意しておこう！

栗ごはん

市販の「むき栗」を使って簡単ピラフ風に調理したが、ハイキングや林道歩きなどで山栗を見つけたら、下ゆでして料理してみよう。ワイルドな山栗の香りは、強くたくましく感じるだろう。

① 米をバターで炒める

低温にプレヒート（P93参照）したダッチオーブンに、バターをとかして米を炒める。米は無洗米か、ザルに上げて水気を切ったモノを使う。

② むき栗を加える

❶ 米に透明感が出てバターがなじんだら、むいた栗も加えて炒めよう。
❷ 米が鍋肌にはりつくようになったら水、塩とコンソメを加えてまぜ、フタをして煮る。フタのすき間から水蒸気があがったら、火力をできるだけ弱くする。

③ 炊きあがったらしょう油

すき間から出る水蒸気がなくなり、ピチピチという音が聞こえたら火からおろし、しょう油をかけてまぜよう。再びフタをして10分間蒸らせば完成だ。

材料（4人分）
- バター……………20g
- 米…………………3カップ
- むき栗……………200g
- 水…………………600mℓ
- 塩…………………小さじ1/2
- コンソメ…………2個
- しょう油…………大さじ1
- 刻みネギ…………適量

調理時間　35分

おいしさのコツ
今回はダッチオーブンレシピを紹介するが、普通の鍋でも調理可能だ

ワンポイント　色味の刻みネギやパセリを散らすと、彩り鮮やかに完成する。

ごはん&パスタ&麺

鶏ももフルーツカレー

おいしさのコツ
ナシやキウイにもオレンジと同じ力がある。季節の果物を使って料理を楽しもう

タンパク質の分解を助けるオレンジの働きを利用して、鶏もも肉を柔らかく煮る。果物の不思議な力と、骨付き肉ならでは旨味を味わう豪快カレーを調理しよう！

調理時間 **40分**

① 焼き色をつけておこう
中火

❶ まずは分量の米と水でご飯を炊く。レトルトの場合は後で温める。
❷ タマネギは粗いみじん切り、トマトはざく切り、オレンジは8等分に切っておこう。
❸ 鍋にオリーブオイルを入れて加熱し、鶏もも肉の両面を焼く。焼き色をつけたら一度鍋から取り出す。

② 香りを引き出す
弱火

火力を落とした同じ鍋でニンニクとショウガ、タマネギを炒める。コゲをそぎ落とすように炒めよう。

③ 鶏肉と合体させルウの完成

さらにトマトとオレンジと水（ルウの包装紙に表示の分量）を加え、焼いた肉も戻して30分間煮込む。トマトがとけたら市販のカレールウを入れ、トロミが出たら完成だ。

材料（4人分）
- 米（ご飯）………… 3カップ
- 水（ご飯用）………… 600ml
- タマネギ（大）………… 1個
- トマト（大）………… 1個
- オレンジ ………… 1個
- オリーブオイル …… 大さじ1
- 鶏もも肉（骨付き）…… 4本
- おろしニンニク … 小さじ1/2
- おろしショウガ … 小さじ1/2
- 水（カレー用）………… 適量
- カレールウ ………… 6皿分

ワンポイント 鶏もも肉は、関節にナイフを入れると簡単に切れるので覚えてこう。

ウニ味カルボナーラうどん

調理時間 15分

おいしさのコツ
焼いたうどんとソースを合わせるときは、絶対に加熱してはイケナイ！！！

BBQ料理の定番、焼きうどんをパスタ風にカルボナーラ仕立てにした。ウニを使っているがこれはお好みでOK。冷めてもおいしいので春秋のキャンプには最適だろう。

① ソースを作ろう！
適当な器に＜カルボナーラソースの材料＞を合わせ、よくまぜればソースは完成。パセリは少し残しておく。

② 香りよくうどんを焼く
中火

鉄板におろしニンニクとオリーブオイルを加熱。ニンニクの香りがたったら、うどんを焼こう。うどんがほどよく焼けたら、鉄板ごと火から下ろしておく。

③ 手早くソースと合体させる
鉄板とうどんが熱いうちに①のソースを絡めよう。よくまぜ合わせ、塩とコショウで味をととのえたら完成。刻みパセリを散らそう。

材料（4人分）

＜カルボナーラソースの材料＞
- 生ウニ（塩ウニ40gでも可）…80g
- 卵……………………4個
- 生クリーム……………100g
- パルメザンチーズ………50g
- パセリみじん切り……1枝分
- おろしニンニク………小さじ1/2
- オリーブオイル………大さじ2
- ゆでうどん……………4玉
- 塩………………………適量
- コショウ………………適量

ワンポイント 気温が低い場合は、ソースを少し温めるとまぜやすくなる。

ごはん＆パスタ＆麺

イカの塩焼きそば

調理開始前に麺に分量のお酒を振っておこう。材料のイカワタは、少量の塩辛に代えてもナカナカうまい！キャンプの残り野菜を使いきるにも便利な料理だと思う。

1 準備をして野菜とイカを焼く

❶ イカをさばき、食べやすい大きさに切る（ワタは残しておく）。キャベツとタマネギも食べやすく切り分けて、焼きそば麺に日本酒を振ろう。
❷ 鉄板を加熱したらゴマ油を入れて、キャベツとタマネギを炒める。さらにイカを加えたら、塩とコショウで軽く下味をつけておく。

材料（4人分）
- イカ …………… 1杯
- キャベツ ……… 1/2個
- タマネギ ……… 1個
- 塩焼きそば …… 4玉
- 日本酒 ………… 大さじ1
- ゴマ油 ………… 適量
- 塩 ……………… 適量
- コショウ ……… 適量
- だし汁 ………… 100mℓ
- しょう油 ……… 適量

2 そばを加えて炒める

さらに麺を加えたら、だし汁を振り入れてほぐしながら焼く。

3 ワタも入れて仕上げる

イカワタを大さじ1ほど入れて焼き続ける。全体がなじんで水気が飛んだら塩で味をつけ、少量のしょう油で香りづけして完成だ。

調理時間 20分

おいしさのコツ
イカワタを少し使うことが肝心。ワタ嫌いの人がいても隠れて使おう！

ワンポイント 最初に麺に振る日本酒は、ビールに代えてもOKだ。

辛口のトマトそうめん

チョット小腹がすいたときにも重宝するシンプル料理は、サマーキャンプにも最適。材料の野菜はすべて揃わなくても調理できるが、子どもも食べる場合はタバスコを控えよう。

おいしさのコツ
そうめんはたっぷりの湯でゆでたら、スグに冷水で丁寧に洗っておこう

1 野菜のトマトソースを作る
キュウリは約3cmに細切り、ほかの野菜は食べやすく薄切りにする。適当な器にトマトジュースとワインビネガーを合わせたら、切った野菜を加えてまぜる。塩、コショウとタバスコで味をととのえたらソースは完成。

2 タップリの湯で麺をゆでる
鍋に5ℓほどの湯を沸かし、そうめんをゆでる。そうめんが浮いたら取り出そう。

3 ソースと合わせる
ゆでたそうめんを冷水で洗い、麺の水気を切ったら①のソースに合わせて完成。

材料（4人分）

＜ソースの材料＞
- キュウリ …………… 1本
- トマト ……………… 1個
- ニンジン …………… 1/3本
- タマネギ …………… 1/2個
- セロリ ……………… 1/2本
- トマトジュース（無塩） …………… 400mℓ
- ワインビネガー…大さじ1〜2
- 塩 …………………… 適量
- コショウ …………… 適量
- タバスコ …………… 約10滴
- そうめん …………… 400g

調理時間 10分

ワンポイント ソースと麺を合わせた後、再度、塩とコショウで味をととのえるとよい。ワインビネガーは、リンゴ酢を少し控えめの量で代用してもよい。

ごはん&パスタ&麺

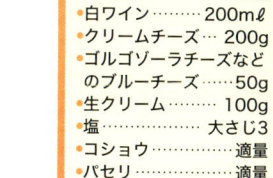

ゴルゴンゾーラチーズのパスタ

① パスタをゆでる

スパゲティ（乾麺）100gに対して350mlの水を用意する。袋などに3時間以上漬けてから、1分間ゆでればパスタはOKだ。

ゴルゴンゾーラはブルーチーズの仲間。好き嫌いがハッキリ分かれる癖の強いブルーチーズも、パスタにすると上品でコクがあるおいしいソースに変身する。

② ベーコンを炒める

フライパンに刻んだベーコンを入れて炒める。ベーコンから脂が出てきたら、白ワインを加えてなじませよう。

中火

③ チーズを加えてとかす

そこへ適当に刻んだ2種類のチーズも入れ、アルコールを飛ばしながら煮る。チーズがとけたら生クリームも加えて再度沸騰。塩、コショウで味をととのえ、刻みパセリを散らして完成だ。熱いうちにゆでたパスタに絡めて食べよう。

材料（4人分）
- スパゲティ……… 400g
- 水（パスタ用）……… 適量
- ベーコン………… 10枚
- 白ワイン……… 200ml
- クリームチーズ… 200g
- ゴルゴゾーラチーズなどのブルーチーズ……50g
- 生クリーム……… 100g
- 塩……………… 大さじ3
- コショウ………… 適量
- パセリ…………… 適量

調理時間 **15分**

おいしさのコツ
パスタをゆでるお湯は、パスタがかぶる程度で十分！塩も必要ない

ワンポイント 材料からゴルゴンゾーラチーズを除くと、普通のクリームソースになる。

おいしさのコツ
塩辛の塩分はメーカーによって違うので、必ず味見をしながら調理しよう

塩辛パスタ 青じそ風味

材料（4人分）
- スパゲティ ……………… 400g
- 水（パスタ用）…………… 適量
- 青ジソ …………………… 40枚
- オリーブオイル ………… 大さじ4
- イカの塩辛（麹漬け）…… 200g

調理時間 **10分**

① パスタを水に漬けておく
100gのスパゲティ（乾麺）に対して350mlの水を用意し、3時間以上漬ける。その後、ゆで時間は1分間、塩は不要。

② オリーブオイルを絡める
❶ 青ジソを短冊状にちぎっておこう。ハサミを使えば包丁不要。
❷ ゆであがったパスタの湯を切り、オリーブオイルを振って香りをつける。

③ すべてをまぜ合わせ完成
ちぎった青ジソとイカの塩辛を、熱いパスタに手早くまぜ合わせれば完成だ。味は塩辛の量で調整しよう。

切り分けるのは青ジソだけなので、ちぎってしまえば調理は終了も同然。包丁を使わずに料理できるだろう。材料表には麹漬けの塩辛と書いたが、塩辛好きならワタを使ったモノがよい。

ワンポイント パスタが冷めていたら、軽くフライパンで加熱しながらまぜるとよい。

8章 パン&サラダ&スープ

みんなで楽しみながらやるのが野外流のパン作り。スープとサラダも立派なおかずになるものばかり！太田流15メニューを紹介。

熱い犬（カショウホ・ケンチ）

ポルトガル語の「カショウホ・ケンチ」を英語にすれば「ホット・ドッグ」。アメリカではアウトドア料理の定番だ。ボリューム満点のブラジル風なら、トレッキングなどの行動食や、あわただしい朝食にもピッタリ！

材料（4人分）
- インスタントマッシュポテト……100g
- 塩…………………………………適量
- コショウ…………………………適量
- ガーリックパウダー……………適量
- トマトソースの缶詰……………1缶
- ロングウインナー……4本以上（パンと同数）
- ホットドッグ用パン……………4本以上

調理時間 15分

1 マッシュポテトを作る

箱の表記に従い、塩とコショウ、ガーリックパウダーを加えてマッシュポテトを作る。

2 トマトソースで煮る

フライパンにトマトソースの缶詰をあけたら、ロングウインナーも入れて沸騰させる。弱火で5分ほど煮込もう。

3 マッシュポテトでフタをする

煮込んだソーセージとトマトソースを適量、ドッグパンの切れ目にはさむ。さらにパンの切れ目をふさぐようにマッシュポテトをのせたら、アルミホイルで包んでおこう。

258

パン&サラダ&スープ

8章

おいしさのコツ
マッシュポテトにレタスを加えると、栄養バランスがよくなる。辛いチョリソーを使うのもおいしい

④ 焼いて完成させる

アルミホイルに包んだパンを、中火のグリルにのせて温める程度に軽く焼こう。グリルにフタが有ると短時間で完成する。

中火

259

ハンバーガー

アメリカでは立派なアウトドア料理として認知されているが、日本ではファストフードの代名詞？ しかし、このような当たり前の料理こそ、手間ヒマかけて調理するのがアウトドアクッキングの楽しさではないかと思う。

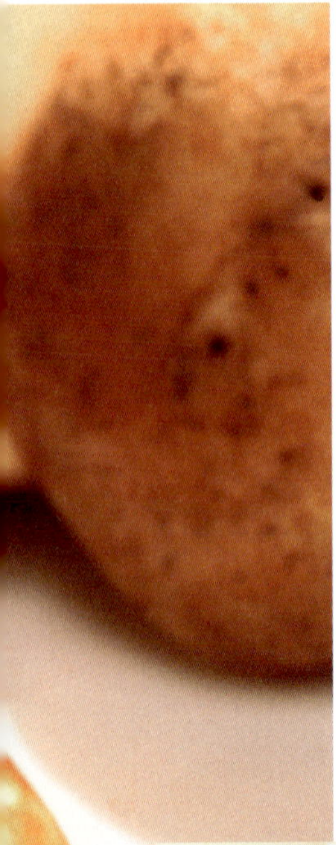

材料（4人分）

<ハンバーグの材料>
- タマネギ ……… 1/2個
- セロリ ………… 1/2本
- ニンニク ……… 2片
- パセリ ………… 1枝
- 豚ひき肉（赤身）… 500g
- パン粉 ………… 1カップ
- 卵 ……………… 1個
- 塩 …………… 小さじ1/2
- コショウ ……… 適量
- ナツメグ ……… 適量
- サラダ油 ……… 適量
- パン（バンズ）… 4つ
- 粒マスタード …… 適量
- タルタルソース … 適量
- ピクルス ……… 適量

※パン粉は食パン1枚で代用可

調理時間 45分

1 ハンバーグのタネを作る

タマネギ、セロリ、ニンニクをすりおろしたら、パセリをみじん切りにする。残りの<ハンバーグの材料>すべてと合わせて、粘りが出るまでまぜておく。

2 4等分にして弱火で焼く

弱火で鉄板を加熱したら、丸く成形したタネをジックリ焼く。片面に焼き色をつけたら裏返し、フタかアルミホイルでカバーをして効率よく焼きあげよう。

3 バンズを焼く

鉄板をアミに換えたら超弱火にしよう。パンを温める感覚で軽く焼いておこう。

ワンポイント バンズは温める感覚！ 弱火でふんわりと焼こう。コゲ目は不要だ。

パン&サラダ&スープ

おいしさのコツ
今回は省略したが、レタスやタマネギ、ケチャップも加えたい食材だ。好みで追加して食べよう！

④ 重ねて完成させる
下側のバンズ＋粒マスタード＋ハンバーグ＋タルタルソース＋スライスしたピクルス＋上側のバンズの順に重ねれば完成だ。温かいうちに食べよう！

インディアンブレッド

西部開拓時代のカウボーイたちが焼いたパンだから、インディアンブレッドと呼んでいる。ダッチオーブンひとつで発酵から焼きあげまで調理できるから、キャンプにも最適だ。カウボーイ気分でおおらかに焼いてみよう。

材料（4人分）

- バター……20g
- 強力粉……4カップ
- ドライイースト……10g
- 塩……8g
- 砂糖……20g
- ぬるま湯（40℃くらい）……270ml
- 焼き色用のとかしバター……10g
- 打ち粉用の強力粉……適量

調理時間 1時間30分

パン&サラダ&スープ

① 40℃ほどにプレヒート
日なたか弱火に置いてダッチオーブンを温めよう。
※プレヒートはP93を参照。

② バターをとかしておく
鍋などに湯を沸かし、湯煎(ゆせん)しながらバターをとかす(写真参照)。

おいしさのコツ
ダッチオーブンのプレヒートが50℃以上になると、イースト菌が死んでしまうので温度管理は厳重に!

③ 生地をまぜ合わせる
プレヒートしたダッチオーブンに強力粉を入れたら、ドライイースト、塩、砂糖、②のとかしバターを粉の上に別々にのせる。次にドライイーストめがけて、ぬるま湯を一気に注ぐ。

④ 生地をまとめる
今度は指を広げて生地をかきまぜる。全体がまとまってきたら手に打ち粉をつけて、生地をもんだり、鍋底に叩きつける。これを弾力が出るまで20回ほど繰り返そう。

← p264へ続く

5 一次発酵させる

鍋の中に入れたまま、生地に温かい濡れフキンなどをかぶせて30分間置き、一次発酵をさせよう。

6 8等分にする

一次発酵が完了した生地を取り出して8等分にする。

7 中敷きを入れて二次発酵

生地がくっつかないよう、手に打ち粉をして生地を丸め、中敷きを入れた鍋に戻し、40℃ほどの温度を保って20分間二次発酵（温かい濡れフキンをかぶせる）。40℃を保つには、日光や焚き火の利用や、毛布にくるむことも。ここではプレヒートは不要。

8 とかしバターを塗る

二次発酵が済んだ生地に、焼き色用のとかしバターを塗る。上面だけ塗ればOKだ。

9 上下火を使って焼く

下から 上から
弱火 中火

火力は上2：下1にする。理想は170℃だが、弱火を保って焼きあげよう。15分で1度チェックして、20〜25分ほどで焼きあがれば大成功だ。

10 焼き色をつけて完成

焼きあがり状態の写真。下火が強いと中敷きにコゲつく恐れがあるので、火力は弱火を保つことが肝心。

ワンポイント 夏季はダッチオーブンを日なたに置くだけで50℃を軽く超えるので、プレヒートの温度に注意。

パン&サラダ&スープ

おやつのスコーン

アウトドア料理の初心者からベテランまで、発酵不要のスコーンなら気軽に作って楽しめる。ドライフルーツを使って甘味を持たせ、おやつに適した味にしたが、栄養面も優れているので軽いランチにも食べてほしい。

1 ビニール袋でまぜる
適当なビニール袋に、薄力粉とベーキングパウダーを入れてよくまぜ合わせておく。

2 クリーム状にまぜる
適当な器にバターをとかしたら、塩、砂糖を加えてまぜる。ここに卵黄を少しずつ加え、クリーム状になるまでまぜておく。

←p266へ続く

調理時間 50分

材料（4人分）
- 薄力粉 ……… 200g
- ベーキングパウダー ……… 4g
- バター ……… 20g
- 塩 ……… 小さじ1/4
- 砂糖 ……… 大さじ3
- 卵黄 ……… 1個分
- 牛乳 ……… 100ml
- レーズン ……… 適量
- ドライフルーツ各種 ……… 適量
- 打ち粉用の粉(薄力粉) ……… 適量
※ビニール袋を使用。

3 タネと粉を合わせる

②でクリーム状にしたタネに、①でまぜた粉を半分量加える。そこに分量の牛乳を少しずつ加えてまぜ合わせる。木ベラで切るようにまぜよう。

4 残りの粉も加える

全体がなじんだら残りの①の粉も加え、牛乳を少しずつ加えながらまぜる。

パン&サラダ&スープ

6 生地を手刀でトントン

清潔な布や、まな板などに打ち粉をして生地を置く。粉をつけた手を手刀のように使って、長方形にのばす。

5 甘みも加えよう

ここで用意したレーズンやドライフルーツも加えてまぜておこう。

7 折りたたんでのばす

のばした生地を左右から4つ折りにしたら、再び手刀でトントン打ちながら長方形にのばす。この動作を4〜5回繰り返したら、20分間生地を寝かせる。夏季は涼しい所に置こう。

8 8つに丸める

休ませた生地を8等分に切り分け丸めて、中敷きを置いてプレヒート（P93参照）したダッチオーブンに入れる。

プレヒートの温度：中温
下から弱火　上から強火

9 上下火で焼く

丸めた生地を入れたら、ダッチオーブンにフタをして焼こう。下側は弱火、上側は強火にして15〜20分間を目安に焼けば完成だ。途中でフタを開けて中の様子をチェックしよう！

おいしさのコツ

手順5でドライフルーツなどと同時に、マシュマロ8個を刻んで入れておくとフワフワ感が増した仕上がりになる

ワンポイント 手順9の写真は下側が遠火の強火。強火でも距離をとると、優しくダッチオーブンを加熱する。

ナヌと豆カレー

ナヌとはインドの「ナン」をモチーフにした、私のオリジナル代用食。真にくだらないネーミングだが、味はなかなかイケている。アウトドアでは永久不滅の人気者！ カレーを調理しよう。

1 ナヌとカレーの準備をする

❶ <ナヌの材料（水を除く）>を適当なビニール袋に入れてまぜる。そこに水を少しずつ加えて、まとまるまで練ったら寝かせておく。

❷ カレーの準備。鶏もも肉はひと口大、タマネギは半月形、ベーコンとトマト、ピーマンは1cmくらいに切り分けておこう。

2 カレーを作りナヌを焼く

❶ 鍋にオリーブオイルを入れて加熱。ベーコンを炒めたら、鶏肉を焼いて取り出す。タマネギとニンニク、ショウガを炒めたら鶏肉を戻し、残りのカレーの材料（ピーマン、塩、コショウ以外）を加える。15分ほど煮たらピーマンを加え、塩とコショウで味をととのえて完成。

❷ 打ち粉をつけた手で、ナヌ生地をゴルフボールくらいに分けてから、薄くのばす。鉄板に油をひかずふっくら焼けばできあがり。

おいしさのコツ
ナヌは鍋のフタなどを利用して薄くのばすと上手く焼ける。油は不要！

調理時間 30分

材料（4人分）

<ナヌの材料>
- 小麦粉（薄力粉）… 100g
- 小麦粉（強力粉）… 400g
- ベーキングパウダー … 10g
- 砂糖 … 小さじ1/2
- 塩 … 小さじ1/2
- 水 … 300mℓ
- 打ち粉用の小麦粉 … 適量

<カレーの材料>
- 鶏もも肉 … 2枚
- タマネギ … 1個
- ベーコン … 130g
- トマト … 1個
- ピーマン … 2個
- オリーブオイル … 大さじ1
- おろしニンニク … 小さじ1/2
- おろしショウガ … 小さじ1/2
- 大豆の水煮缶（小）… 2缶
- 白ワイン … 400mℓ
- 固形コンソメ … 1個
- チリパウダー … 少々
- カレー粉 … 大さじ1
- 砂糖 … 小さじ1/2
- 塩 … 適量
- コショウ … 適量

ワンポイント 大きなグリルなら、写真❷のようにカレーとナヌを同時調理するとよい。

パン&サラダ&スープ

小さなパリパリピザ

餃子の皮をピザ生地にした小さなピザを作ろう。材料の切り分けが終われば、まかない役のお父さんも休める手軽さがうれしい。みんなでワイワイ調理する子ども連れキャンプに最適なオヤツピザだ。

調理時間 10分

おいしさのコツ
材料にする餃子の皮は、米粉を使った大判を強くススメル

① トッピング材料を切る
❶ タマネギ、ピーマン、サラミはみじん切り。ツナ缶は油を切ってこう。ほかにも好みの材料を追加しよう！
❷ 餃子の皮にピザソースを塗り、刻んだタマネギとツナなど好みの具材をのせたら、ピザ用チーズをひとつまみのせる。

材料（4人分）
- タマネギ……………1個
- ピーマン……………1個
- サラミ………………適量
- ツナ缶………………1缶
- 餃子の皮……1袋(25枚)
- ピザソース…………適量
- ピザ用チーズ……200g
- ※好みで材料は適宜加える

② 弱火の鉄板で焼く
弱火で加熱した鉄板に油はひかずに、①で準備した餃子の皮をのせて焼く。チーズがとければ完成だ。

弱火

ワンポイント アルミホイルで鉄板を覆うと、焼き時間を短縮できる。甘いモノのトッピングもうまい！

鶏むね肉の炭焼き ピリ辛ソースがけ

おいしさのコツ
鶏皮から落ちる脂で炎があがったら、少量の水で消しながら焼こう

調理時間 20分

材料(4人分)
- 鶏むね肉 ………… 2枚
- 塩 ………………… 適量
- コショウ ………… 適量
- オリーブオイル …… 適量

<ピリ辛ソースの材料>

A:
- 赤唐辛子 ………… 1本
- タマネギ ………… 1/8個
- ピーマン ………… 1/2個
- トマト(小) ……… 1/2個
- ケチャップ ……… 1/4カップ
- 豆板醤 …………… 小さじ1/2
- タバスコ ………… 小さじ1/2

ピリ辛ソースは酒のつまみならまぜるだけでおいしいが、少し加熱すると味がなじみ、まろやかさが増してさらに食べやすくなる。風味豊かな串を使わない炭火焼き鳥だ。

① 皮面から肉を焼く
❶ 皮を下にして鶏むね肉の厚い部分にナイフを入れて開き、肉の厚さを均等に揃える。次に塩、コショウで薄く下味をつけてから、オリーブオイルを全面にもみ込んでおこう。

❷ 焼きアミを弱火で熱したら、皮面から肉を焼く。両面をパリッと焼く間にピリ辛ソースを作る。

弱火

② ソースの準備をする
❶ 野菜と赤唐辛子(タネは除く)を細かく刻み、ほかのAの材料とまぜたら、塩とコショウで味をととのえ完了。

❷ 肉が焼きあがったら食べやすく切り分け、皿に盛りつけてピリ辛ソースをかければ完成。

ワンポイント 盛りつけの皿に野菜を敷いておくと、さらにおいしく食べられる。

パン&サラダ&スープ

焼きカツオのサラダ

調理時間 15分

たたき風に焚き火で焼いたカツオを、タップリ野菜とともに盛りつけ、サラダ感覚で食べてみよう。オリジナル"りんごドレッシング"の爽やかな甘みが、うまいカツオの引き立て役だ。

① カツオを包み、野菜を切る

❶万能ネギは小口切り。キュウリとミョウガは薄切り。レタスは適当にちぎろう。
❷2つ折りにした新聞紙を水で濡らし、カツオ1冊を1枚の新聞紙で包む。

② 焚き火で焼く 【強火】

❶濡れ新聞に包んだカツオを焚き火で直に焼く。ときどき向きを変え、新聞が黒くコゲたら取り出し冷ます。
❷焼いている間にドレッシング作り。材料をすべてまぜ合わせたら、塩とコショウで味をととのえれば完了。

③ コゲた新聞紙をはがす

冷めたカツオからコゲた新聞紙をはがして、食べやすく切る。皿にレタスを敷き、切ったカツオをのせる。ほかの野菜たちを散らしたらドレッシングをかけて完成。

材料(4人分)

- 万能ネギ ………………… 1束
- キュウリ ………………… 2本
- ミョウガ ………………… 適量
- レタス …………………… 1個
- カツオ(たたき用に切ったもの) … 2冊

<ドレッシングの材料>
- オリーブオイル …… 大さじ2
- 酢 ………………… 大さじ2
- おろしニンニク …… 小さじ1/2
- おろしリンゴ(皮付き) … 1/4個
- マスタード ……… 小さじ1/2
- 塩 ………………………… 適量
- コショウ ………………… 適量

おいしさのコツ
コゲた新聞紙は触れる程度に冷めたら、はがしておこう

ワンポイント 自作ドレッシングは市販品で代用可。薬味のミョウガと万能ネギは、たくさん用意することをススメル。

ポテトのマリネ

アウトドア宴会の箸休めに、サッパリしたマリネを料理しよう。ジャガイモや漬け物が余ったときにも重宝するだろう。ワインビネガーの量は好みで加減してOKだ。

調理時間 1時間20分

1 ジャガイモをゆでる

ジャガイモの皮をむき、小さなひと口サイズに切ったら適当な鍋に入れ、かぶる程度の水を加える。水からゆでて沸騰後15分ほどたったら湯を捨て、乾煎りして水気を飛ばしておこう。

中火

2 マリネ液を準備する

ジャガイモをゆでている間に、マリネ液を作る。ピクルス、漬け物、パセリを刻んだら、オリーブオイルとワインビネガーとまぜ合わせ、塩とコショウで味をととのえる。

3 1時間漬け込む

ビニール袋などで①のジャガイモとマリネ液を合わせたら、1時間ほどなじませて完成だ。肉料理のお供にも最適。

材料(4人分)
- ジャガイモ………… 2～3個
- ＜マリネ液の材料＞
- ピクルス…………… 適量
- 漬け物……………… 適量
- パセリ……………… 1枝
- オリーブオイル
  ……… 大さじ1と1/2
- ワインビネガー… 大さじ4
- 塩……………… 小さじ3/4
- コショウ…………… 適量

おいしさのコツ
材料表の漬け物はなくても大丈夫。ワザワザ購入する必要はない

ワンポイント ジャガイモは小さく切ったほうが食感がよくなる。ワインビネガーは、リンゴ酢を弱めに使って代用可。

パン&サラダ&スープ

旨いもんジャガ

おいしさのコツ
炭火でベーコンをカリカリに焼くと少し燻されるが、これが旨さの秘訣だ

ビールのつまみに最適だが、肉料理のつけ合わせにも使える。たくさん作ればご飯は不要になるだろう。ジャガイモをゆでている間に、調理の大半が完了する手軽さだ。

調理時間 30分

材料(4人分)
- ジャガイモ……………4個
- ベーコン………………160g
- ワケギ…………………1束
- カッテージチーズ……100g

① ホクホクとイモをゆでる
ジャガイモの皮をむき、四つ切りにして水からゆでる。沸騰後15分間ゆでたら、湯を捨てて乾煎りして水分を飛ばす。ゆであがったジャガイモを、フォークの背などで雑につぶしておこう。（中火）

② カリカリベーコン作り
弱火の焼きアミにベーコンをのせて、カリカリになるまで焼いたら細かく刻む。ワケギも細かく刻んでおこう。（弱火）

③ すべてまぜれば完成だ
刻んだカリカリベーコン、ワケギ、カッテージチーズ、粗くつぶしたジャガイモを和えれば完成だ。

ワンポイント 材料のワケギは万能ネギで代用可。味見した後、不足を感じたら塩を足すとよい。

トマトとチーズのクイックサラダ

おいしさのコツ
オリーブオイルは必ずエキストラバージンオイルを使おう！

材料(4人分)
- トマト（小）……………4個
- 塩………………………適量
- 粗びきコショウ…………適量
- バジルの葉（青ジソ）……8枚
- モッツァレラチーズ……250g
- オリーブオイル…………適量
- ※チーズはカマンベール、クリームなどもおすすめ。

正統イタリア料理の「カプレーゼ」の調理方法に準じて作ったが、材料表に書いたようにモッツァレラをほかのナチュラルチーズに変更したり、バジルを青ジソに代えるのも楽しい。

調理時間 10分

① 輪切りトマトに塩を振る
トマトのヘタを落としたら1cmほどの輪切りにして、上面に塩を軽く振っておく。

② コショウも振ろう
塩の上に粗びきコショウを適量振っておく。

③ バジルの葉とチーズをのせる
トマトにバジルの葉をのせたら、スライスしたチーズを置く（好みでバジル粉を追加してもよい）。

④ オリーブオイルがキモ
食べる直前にオリーブオイルをかけ回して完成だ。

ワンポイント チーズを2種類使うと、楽しくておいしいサラダになる。

パン&サラダ&スープ

中華風のキノコスープ

アウトドア宴会の途中で体を温めたり、酒の〆にも最適な簡単スープだ。材料表以外のキノコでもおいしく調理できるし、すべてのキノコが揃わなくても大丈夫。

1 キノコをバター炒め

① キノコは石づきを取り、食べやすく切る。卵は割って溶いておこう。
② 鍋にバターをとかし、絡む程度にキノコを炒める。

弱火

2 中華スープで煮る

今度は鍋に中華スープを加えて1〜2分間煮る。

3 溶き卵で仕上げよう

沸騰したら溶き卵を回し入れ、塩とコショウで味をととのえて完成。

調理時間 15分

材料（4人分）
- シイタケ………4個
- シメジ………1パック
- エノキ………1パック
- 卵……………2個
- バター…………10g
- 中華スープ…600mℓ
- 塩……………適量
- コショウ………適量

※中華スープはインスタントの中華だしを水で溶いたもの。

おいしさのコツ
シイタケは薄切りにして、手順②の要領でサッと煮るとおいしくなる

ワンポイント　撮影では仕上げの薬味に万能ネギの小口切りを散らしている。好みで追加しよう。

コンソメきのこスープ

バターが胃壁を保護するスープなので、ウイスキーなどの強い酒のつまみにもなるが、パンとの相性も抜群だ。体を温めてくれるから、寒いキャンプに出かけたらゼヒ料理してみよう。

材料(4人分)
- シメジ……………1パック
- エノキ……………1パック
- 水…………………600ml
- バター……………20g
- 固形コンソメ……2個
- しょう油…………大さじ2
- 塩…………………少々
- コショウ…………少々

① キノコを鍋に入れる
キノコを洗って石づきを切り落としたら、食べやすく切り分けて鍋に入れる。

② 調味料と水を加える
鍋に分量の水を入れたら、バター、コンソメ、しょう油を入れて弱火で煮る(フタはしない)。焚き火があれば、フタをして焚き火で加熱するとシメジの香ばしさが一段と際立つ。

③ 香りが合図
鍋からキノコのよい香りがしてきたら、塩とコショウで味をととのえて完成。※撮影上、バターを追加

おいしさのコツ
仕上げにトーチバーナーで上面を炙ると一段と風味が増す

調理時間 20分

パン&サラダ&スープ

マメなポパイスープ

ポパイとは昔のアメリカアニメの主人公。ピンチになるとホウレン草を食べて元気になった水兵さんだ。古い話を持ち出してしまいモウシワケない！

調理時間 20分

おいしさのコツ
材料のグリーンピースは生→冷凍→缶詰の順で味が落ちる傾向がある

① 材料を刻んでおこう
タマネギはみじん切り、ベーコンは1cmほどに切り分けて、グリーンピースの半量をスプーンなどで粗くつぶす。

② 炒めてから煮込み開始
中火
❶ 鍋に刻んだベーコンとおろしニンニク、タマネギを入れて炒める。ベーコンから脂が出てきたら、グリーンピースを加えて脂をなじませる。
❷ 次に水とコンソメを加えて沸騰。その間にトマトとホウレン草を食べやすく切ろう。

③ 最後はサッとひと煮たち
沸騰した鍋にトマトを加えてひと煮立ちさせ、ホウレン草も加える。アクを取りながら、色鮮やかになったら塩とコショウで味をととのえて完成。

材料（4人分）
- タマネギ……………… 1個
- ベーコン……………… 200g
- グリーンピース……… 100g
- おろしニンニク…… 小さじ1/2
- 水……………………… 600mℓ
- 固形コンソメ………… 2個
- トマト………………… 2個
- ホウレン草…………… 1/2束
- 塩……………………… 適量
- コショウ……………… 適量

ワンポイント グリーンピースの半分は、原型をとどめるように粗くつぶそう。食感がよくなるのだ。

丸タマネギのスープパスタ

お腹を満たすようにパスタを加えて調理したが、パスタを除けばスープとしても楽しめる。うまさの秘密はダッチオーブン調理と時間。手間ではなくて時間をかけたい。

調理時間 **40分**

① 切り込みを入れておく
タマネギの皮をむいたら、ナイフで切り込みを入れておく。

② 低温でプレヒート
低温でプレヒート（P93参照）したダッチオーブンにワイン、水、チキンコンソメ、おろしニンニク、オレガノを入れ、タマネギも加えたらフタをして弱火で30分ほど煮る。

③ パスタも入れて煮る
タマネギを煮る間に別の鍋でパスタをゆでる。指定時間の2分前に上げて②の鍋と合わせたら、塩とコショウで味をととのえ、粉チーズとネギをのせて食べよう。

材料（4人分）
- タマネギ……………4個
- 白ワイン…………600mℓ
- 水………………600mℓ
- 固形チキンコンソメ……………4個
- おろしニンニク……………小さじ1/2
- オレガノ……………少々
- ショートパスタ（ペンネ）……………80g
- 塩……………適量
- コショウ……………適量
- パルメザンチーズ（粉）……適量
- 刻んだ万能ネギ…1/2束

おいしさのコツ
ダッチオーブンのプレヒートは低温厳守！ 高温だと割れる場合もある

ワンポイント 材料のタマネギは可能なら新タマネギを使い、パスタは固めにゆでよう。

9章 スイーツ&デザート&ドリンク

女子はもちろん、男子や子どもたちも大好きなスイーツやデザートメニューに、アウトドアで飲みたい大人のドリンクを加えた15のレシピ。

大人のチョコレートケーキ

冷蔵庫などで熟成させると1日ごとにまろやかになり（1週間は持続する）、おいしくなるから、多めに作る材料を書いておいた。焼くときの火力で仕上がりが大きく変化する。弱火ならしっとりと、中火だとふっくら感が強くなる。

材料(8人分)
- レーズン……………100g
- ブルーベリー………60g
- ラム酒………………大さじ3
- バター………………120g
- 砂糖…………………300g
- 卵……………………6個
- 薄力粉………………300g
- ココア………………110g
- ミックスナッツ……150g
- アーモンド…………50g
- とかしバター………30g

※適当な大きさのケーキ型を用意。

調理時間 2時間

1 最初にラム酒に漬ける
レーズンとブルーベリーをラム酒に漬けておく。

2 クリーム状にする
40℃くらいに加熱した器にバターと砂糖を合わせ、クリーム状になるまでまぜる。さらに溶き卵を3回に分けて加え、丁寧にまぜ合わせる。

3 薄力粉とココア
今度は②の器に薄力粉とココアパウダーを加える。これも3回ぐらいに分けて入れ、練りあげておこう。

4 レーズンとナッツも投入
③で合わせたモノが完全にまざったら、ラム酒に漬けたブルーベリーとレーズンをラム酒ごと入れ、さらにナッツ類も加える。全体をザックリまぜたら30分間寝かせよう。

スイーツ&デザート&ドリンク

おいしさのコツ
材料表の砂糖は普通に甘さを感じる量を記載した。2/3くらいにするとホロ苦さが際立つだろう

⑥ 串で焼き加減チェック

プレヒート（P93参照）したダッチオーブンに中敷きを置き、生地入りのケーキ型を置く。フタをして30〜60分かけて焼こう。串をケーキの中心部まで刺して抜き、串に生地がつかなければ焼きあがりの合図。

プレヒートの温度　中温
下から超弱火　上から弱火

⑤ ケーキ型に入れる

今回は100円ショップで購入した18cmケーキ型を2つ使った。内側にとかしバターを塗ったら、生地を均一に流し入れよう。

ワンポイント　ミックスナッツをアンズなどのドライフルーツに代えてもいいが、少し砂糖を控えよう。作り方は同じだ。

that's 雑なチーズケーキ

材料（長方形16cmのケーキ3つ分）

- クリームチーズ……………200g
- 卵……………………………4個
- 砂糖………………………3/4カップ
- 牛乳………………………大さじ2
- サラダ油…………………大さじ3
- 薄力粉……………………1カップ
- レモン………………………1個
- とかしバター………………適量
- 打ち粉（薄力粉）…………適量

※泡立て器、おろし金、ケーキ型、を用意。

調理時間 40分

ケーキ作りとしてはズボラな調理方法で焼いている。モチッとした食感とチーズの風味が、白ワインやスパークリングワインにとてもよく合うと思うが、ふんわりしたケーキの食感は期待しないでもらいたい。何しろ雑なケーキなのだから………。

スイーツ&デザート&ドリンク

1 卵白を泡立てておく

❶ クリームチーズを常温に戻し、卵は卵白と卵黄に分けておく。
❷ 卵白に砂糖を数回に分けて加え、泡立て器でよく泡立てる。

2 ひとつの器で続けてOK!

① で泡立てた卵白へ数回に分けて、溶いた卵黄、牛乳、サラダ油、薄力粉、クリームチーズをまぜ合わせる。さらにレモン汁大さじ2と、皮をおろして大さじ1加える。気温が低い場合は湯煎（お湯で器ごと温める）するとよい。

おいしさのコツ
ときどきフタを開けて、焼け具合を確認しながら焼こう。とくに下火は弱くしたい

プレヒートの温度
下から 弱火 / 上から 中火
中温

3 ケーキ型に流し入れる

生地が完成したらケーキ型にとかしバターを塗り、そこに薄力粉を振る。余分な粉を落としたら生地を流し込もう。

4 ダッチオーブンで焼く

中敷きを入れてプレヒート（P93参照）したダッチオーブンに、ケーキ型を入れフタをして焼く。上下火で30分間が焼きあがりの目安。串を生地の中心部まで刺して抜き、串に生地がつかなければ焼けている。

そば粉の鉄板ケーキ

この料理のようにそば粉を使ったパンケーキやクレープ状の食べ物は、ロシアにもあるらしい。ママレードの甘さを加減すれば朝食にも向いている。

おいしさのコツ
ケーキ種は長時間おくと粘りが出すぎるので、寝かせる時間は厳守！

① 小麦粉とそば粉を合わせる
ビニール袋で小麦粉とそば粉をよくまぜたら、別の容器に砂糖と卵、豆乳と水、塩を合わせる。コレに小麦粉＆そば粉を少しずつ加えてまぜ合わせておこう。合体した生地はラップをして30分ほど寝かせる。

② 鉄板（フライパン）で焼く
弱火で加熱した鉄板（フライパン）にオリーブオイルをひき、生地を適量（オタマ1杯分が目安）流し入れてパンケーキの要領で片面を焼く。

③ 同時に温めておく
②の片面に焼き色がついたら裏返し、カッテージチーズやママレードを塗る。両面が焼けたらケーキを重ねて食べよう。

調理時間 45分

材料（4人分）
- 小麦粉（強力粉）……200g
- そば粉……………200g
- 砂糖………………大さじ1
- 卵……………………2個
- 豆乳………………400mℓ
- 水…………………100mℓ
- 塩………………小さじ1/2
- オリーブオイル……適量
- カッテージチーズ……適量
- ママレード…………適量

ワンポイント ▶ 塩気のあるピザチーズなどをはさむと軽食になる。

スイーツ&デザート&ドリンク

アップルソースのポテトパンケーキ

マッシュポテトを焼いて、自然な甘さのアップルソースをかけたおやつだが、体に優しく栄養バランスも優れているので食事代わりにもなる。

調理時間 20分

1 マッシュポテトを作る

市販のマッシュポテトのパッケージ表記に従って作るが、箱の材料表になくても卵と塩、牛乳は加えよう。

2 アップルソースを作る

材料Aのリンゴを皮ごとすりおろしたら、ほかの材料も加えてソースの準備をしておこう。砂糖は好みで加減してOKだ。

3 ソースを煮ながら焼く

アップルソースは8分以上煮込めば完了する。この間に鉄板を加熱してオリーブオイルをひき、うすくのばしたマッシュポテトの両面をこんがり焼く。焼けたら皿に盛りつけ、アップルソースをかけて食べよう。

弱火

材料（4人分）
- マッシュポテトミックス … 100g
- 卵 … 1個
- 塩 … ひとつまみ
- 牛乳 … 大さじ3
- オリーブオイル … 適量

＜アップルソースの材料＞
A
- リンゴ（大） … 1個
- レモン汁 … 大さじ1
- 白ワイン … 100mℓ
- 砂糖 … 30g

おいしさのコツ
テフロン加工された鉄板やフライパンで焼けば油は不要

ワンポイント　ワインのアルコールは8分間煮ることで完全に飛ぶので、子どもが食べても問題はない。

焼きチョコ・マシュマロ

甘みのないビター・チョコレートでコートした焼きマシュマロは、スピリッツやリキュールなど強い酒との相性も抜群!

1 牛乳でチョコをとかす

適当な器に牛乳を入れて弱火で加熱。そこに砕いたチョコレートを加えて、完全にとかしておく。

弱火

材料(4人分)
- 牛乳‥‥‥‥‥‥‥‥50cc
- ブラックチョコレート‥1枚
- マシュマロ‥‥‥‥‥‥1袋

2 やけどに注意しながら焼こう

マシュマロを金串に刺したら、火床から30cmほど離して焼く。あわてるとコゲたり、串からとけ落ちてしまうから注意しよう。両面が薄茶色に焼けたら、①のとかしチョコレートをつけて熱々を食べよう。

中火

調理時間 10分

おいしさのコツ
材料表のチョコは好みで選ぼう。大人には甘くないチョコがイイ!

ワンポイント ▶ 牛乳とチョコの配合は自由だが、チョコ濃いめがおススメだ。

スイーツ&デザート&ドリンク

リンゴのワイン蒸し

おいしさのコツ
グラニュー糖をチョコレートやキャラメルに代えても楽しくて美味い

ダッチオーブンを使ってワイン蒸しにしたが、アルコールは飛ぶので子どもが食べても大丈夫。とろりとしたワイン風味が旨い、大人の焼きリンゴだ。

材料(4人分)
- リンゴ……………4個
- グラニュー糖……小さじ4
- シナモンスティック…4本
- 白ワイン…………200mℓ

※リンゴは酸味の強いものが好ましい。

調理時間 40分

① リンゴの準備をする
スプーンでりんごの芯を3～4cmの深さにくり抜き、その穴にグラニュー糖を入れたら、シナモンスティックを刺して準備完了。

② プレヒートして焼く
プレヒートの温度：中温
ダッチオーブンにアルミホイルを敷いたら、中敷きを入れてプレヒート(P93参照)する。プレヒート後、白ワインを注いでからリンゴを入れる。フタをして上下火で焼こう。

上下とも弱火

③ もうひと息の焼き加減
写真の状態になっても、もう少し焼こう。火力で焼き時間は変わるが30分が目安だ。リンゴの甘い香りが漂い出したら食べ頃だ。

ワンポイント 材料にするリンゴは、紅玉など酸味の強い品種が適している。

ホットバナナ

調理時間 **15分**

材料（4人分）
- バター……………… 40g
- ラム酒……………… 大さじ4
- ハチミツ…………… 大さじ4
- シナモンパウダー……… 適量
- バナナ……………… 4本
- レモン汁…………… 適量

※ホットサンドメーカーを用意。

フライパンとホットサンドメーカーを同時に使って、アツアツバナナを調理した。できるだけ青くて甘みの少ないバナナを使いたいので、購入時には選択しよう。ラム酒のアルコールは煮詰める間に飛ぶので、子どもが食べても大丈夫！

スイーツ&デザート&ドリンク

1 シナモンソースを作る

弱火のフライパンでバターをとかしたら、ラム酒とハチミツを加えてコガさないように煮詰める。すべてが完全にまざり合ったら、シナモンパウダーを振り入れよう。

弱火

2 バナナを焼く

ホットサンドメーカーを用意。これがあれば手軽にホットサンドができる。

中火

3 焼き色がつけばOK

ホットサンドメーカーにバナナが入らない場合は、適当にカットして焼こう。両面とも長めに焼いてシッカリ焼き色をつけよう。

おいしさのコツ

アルコールは8分間煮れば完全に飛ぶ。子どもも食べる場合は時間に注意して、弱火で煮詰めよう

4 ソースと合体させて完成

焼いたバナナを①のフライパンに入れて再加熱する。仕上げにレモン汁を振り入れて完成だ。熱いうちがおいしい。

弱火

ワンポイント ソースを煮詰めるときは、水分が不足したら水を足すとよい。

少しスイート熱々サツマ芋

調理時間 50分

材料(4人分)
- サツマイモ……………2本
- 生クリーム……………適量
- 練乳……………………適量

※新聞紙とアルミホイルを用意。

焚き火の焼き芋にあきたら、ひと手間かけたスイートポテトを調理してみよう。面倒な裏ごしを省略した、少しガサツなスイートポテトだ。芋の皮をコガさないように焼き、皮ごと食べると胸焼け防止になるので覚えておきたい。

① サツマイモを焼く

濡らした新聞紙1枚にイモ1個を包み、弱火の炭火に入れて直に焼く。ときどきイモの向きを変えながら焼こう。

弱火

② イモの身をくり抜く

焼きあがったイモを縦割りしたら、中身をくり抜いて適当な器に取り置く。イモの皮は後で器にするので、破かないように中身を取り出そう。

③ ミルクの旨味を加える

取り出したイモの中身に、生クリームと練乳を加えてまぜよう。ミルクの分量は好みで加減してほしい。甘さは練乳、固さは生クリームで調整するとよい。

④ 皮に戻して再度焼く

③をイモの皮の器に戻して再度炭焼きにする。このとき、アルミホイルで皮の外側に焼き型を作ると焼きやすいだろう。イモが温まったら完成だ。

290

スイーツ&デザート&ドリンク

9章

おいしさのコツ
大きなサツマイモの方が作りやすく、焼きイモは弱火のおき火で焼くとうまく焼ける

ワンポイント 仕上げにトーチバーナーで炙ると、見た目もワイルドになりおススメ！

焼き芋

① 濡れ新聞に包んで焼く

❶ 炭を熾す。炭が炎をあげた後に落ち着き、炭の表面が白くなったらイモの準備に取りかかろう。
❷ サツマイモ1個を1枚の濡らした新聞紙で包み、温度上昇を遅くする。

材料（4人分）
- サツマイモ（小）……2個
※新聞紙を用意。

調理時間 40分

中火〜弱火

② 炭のおき火で焼く

濡れ新聞に包んだイモを、おき火に直接入れる。ときどきイモの向きを変えて均等に加熱しながら、全体が黒くコゲたら食べ頃だ。

石の熱伝導を使ってゆっくり加熱する石焼きイモはおいしいが、ココで紹介する方法で焼けば、石焼きイモにも負けない焼きイモができあがる。炭火のおき火を用意すればできたも同然だ。

おいしさのコツ
イモのデンプン質が糖質に変化する55℃前後を長く保つように焼こう

ワンポイント 厚手の手袋をしてイモに触り、フカフカと柔らかく感じたら焼きあがりの合図。

スイーツ&デザート&ドリンク

アウトドアがうまい！ドリンク・メニュー

昼間のキャンプサイトやアウトドア・パーティーで、知っていると便利な比較的低アルコールのカクテルたち。

シャンディー・ガフ

ビールをジンジャーエールで割った甘さの少ないカクテル。昼間のパーティー酒として伝統的なビアカクテル。

おいしさのコツ
泡が消えないうちにグッと飲むのがおいしい！

材料(1人分)
- ジンジャーエール……80mℓ
- ビール(発泡酒)……80mℓ

調理時間 1分

レシピ
① 冷やしたグラスに、よく冷えたジンジャーエールを注ぎ、そこへ冷やしたビールを泡立てるように勢いよく注ぐ。かきまぜず、このままで完成。

オレンジサンセット

夕暮れの海をイメージしたビールカクテル。少しの苦みが特徴。配合は好みで加減しよう。

おいしさのコツ
オレンジジュースを炭酸の物にすると、炭酸感キープ

材料(1人分)
- オレンジ……適量
- ビール(発泡酒)……120mℓくらい
- オレンジジュース……100mℓ

調理時間 1分

レシピ
① オレンジを厚めに半月切りにし、皮と身の間に少し切れ込みを入れる。
② グラスに冷えたビールを6分目まで注ぎ、そこへ静かにオレンジジュースを注ぐ。半月切りにしたオレンジをあしらえば完成。

サングリア

西洋のパーティーでよく見かけるフルーツ漬けのワインは、アウトドア・パーティーでも大活躍だ。

材料(4人分)
- オレンジ……2個
- レモン……1/2個
- リンゴ……1/4個
- モモ……1個
- 赤ワイン……1本
- シナモンスティック……1本
- 砂糖……適量

おいしさのコツ
完成を急ぐ場合はフルーツジュースを少し加えよう

レシピ
① オレンジは皮をむき1cmくらいの半月切り、レモンは厚めの半月切り、リンゴは1cm幅のクシ切り、モモは皮をむいてひと口大に切る。
② 適当な器に①の材料を入れ、赤ワインを注いだらシナモンスティックを割り入れる。好みで甘み(砂糖)をつけたら完成。少し寝かせて上澄みを飲む。

調理時間 30分

コーク・ビア

お酒が弱い人用のコーラベースの甘めのオリジナルカクテルだ。風味づけのバーボンを入れすぎると酔うので注意！

おいしさのコツ
ビールを減らしコーラを増やせば風味だけを楽しめる

材料（1人分）
- ビール（発泡酒）……… 80mℓ
- コーラ ……………………… 80mℓ
- レモン汁 …………………… 数滴
- バーボン …………………… 数滴

調理時間 1分

レシピ
① グラスによく冷えたビールとコーラを半々に注ぐ。そこへレモン汁とバーボンを数滴たらせば完成。好みでレモンの輪切りを入れたり、氷を入れてアルコール度数を下げることも。

レッドアイ

トマトジュースとレモン風味が特徴的な、ビアカクテルの定番。タバスコの量は好みで加減しよう。

おいしさのコツ
ブレンドしたら静かにそっとまぜて完成させよう

材料（1人分）
- ビール（発泡酒）……… 100mℓ
- トマトジュース…ビールより少なめ
- タバスコ …………………… 適量
- レモン汁 ………………… 1/4個分

調理時間 1分

レシピ
① 冷えたグラスに、よく冷えたビールを静かに半分注ぐ。そこへトマトジュースを8分目まで入れたら、タバスコを2～3滴たらし、さらにレモンを絞れば完成。

チャイにしてくだちゃい

チャイはご存じインドの紅茶なので、アルコールは含んでいない。香り豊かな紅茶で贅沢なキャンプの午後を過ごそう。

材料（4人分）
- カルダモン ………………… 3個
- 牛乳 ………………………… 600mℓ
- クローブ …………………… 4個
- ナツメグ …………………… 適量
- 紅茶 ……………………… 大さじ1/2
- シナモンスティック ……… 2本
- 砂糖 ………………………… 適量

※紅茶は葉が細かいものがおすすめ。
※濾す道具を用意。

調理時間 5分

レシピ
① カルダモンは薄皮をむいてからつぶしておく。適当な鍋に牛乳を入れ、つぶしたカルダモンとクローブ、ナツメグを加え、弱火で1～2分煮る。（弱火）

② 次に紅茶を加えて3分間煮たら、濾してカップに注ぐ。最後にシナモンスティックを刺し、好みで砂糖を入れて完成。

おいしさのコツ
ティーバッグや細かい葉の紅茶でもおいしくできる

10章 つまみ・酒の肴

煮込み、燻製、焼き物など、外呑みタイムのお供にしたい12品を紹介。サッとできる一品料理から、しっかり作る居酒屋メニューまで。

白モツの煮込み

材料(4人分)
- 牛モツ……………400g
- 長ネギ……………2本
- ショウガ…………30g
- コンニャク………1枚
- 日本酒……………100mℓ
- 三温糖……………1/3カップ
- 水…………………適量
- 赤味噌……………100g
- 牛バラ肉…………200g
- 焼き豆腐…………1丁
- 赤唐辛子…………2本

※ダッチオーブンのほか、家庭では圧力鍋でも調理できる。

調理時間 4時間

関西のドテ焼きをまねた少し甘口の煮込みなので、普段モツに縁がない人でも食べやすいだろう。水分量は記載しないので、ご自分のダッチオーブン(鍋)のサイズから判断してほしい。休日が楽しみになる煮込み料理だ。

おいしさのコツ

ダッチオーブンを圧力鍋に代えると、各調理工程の煮込み時間が短縮できる。お家調理なら圧力鍋だ！

合わせるならこんな酒 庶民の味、下町の肴なので、筆頭は焼酎だろう。日本酒の冷酒との相性も抜群だが、ビールの苦味も忘れがたい。意外にもスッキリした白ワインと合わせてもイケる。

つまみ・酒の肴

1 モツを丁寧に洗おう

モツを水で洗う。長ネギは食べやすい大きさに切って青い部分は下ゆで用に、白い部分は煮込み用にする。ショウガはむいた皮を取っておく。

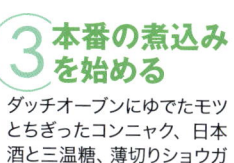

2 まずは下ゆでをする

洗ったモツとネギの青い部分、ショウガの皮をダッチオーブンに入れて水から煮る。沸騰したらモツを取り出してお湯(ゆで汁)を捨て、少し冷めたらモツを食べやすく切ろう。※プレヒートは不要

3 本番の煮込みを始める

ダッチオーブンにゆでたモツとちぎったコンニャク、日本酒と三温糖、薄切りショウガを加え、全体がかぶるぐらいの水を入れたらフタをして1時間煮る。

4 仕上げの煮込み開始

今度は赤味噌と食べやすく切り分けた牛バラ肉と長ネギ、焼き豆腐、さらに刻んでタネを取り除いた赤唐辛子も加えよう。フタをして再度1時間煮れば完成だ。

おいしさのコツ

ササミについている白い筋は、取り除くと身が崩れるので放置が無難。筋なしを購入するのが最善策だ

ササミのたらこチーズはさみ焼き

小麦粉をまぶして焼くので、キレイな焼き色が食欲をそそる簡単料理だ。さっぱりササミとチーズのマッチングが絶妙なハーモニーを醸し出しているので、材料のタラコをお好みで明太子や梅肉に代えて調理してもおいしさは変わらない。

調理時間 20分

合わせるならこんな酒　フライ感が強いのでビールが最適だが、ドライな白ワインやスパークリングワイン、焼酎の炭酸割りなど辛口の酒にも最適だ。

つまみ・酒の肴

1 ササミをナイフで開く

鶏ササミ肉に斜めにナイフを入れて、2倍の面積になるように開く（写真参照）。開いたササミの片面には塩、コショウを振っておこう。

2 チーズとたらこをのせる

2倍に開いたササミに、半分に切ったスライスチーズと、4等分にした「たらこ」をのせて縦方向に折り、必要なら端を楊枝でとめておこう。

3 小麦粉を薄くつける

2つ折りにしたササミの外側に小麦粉を薄くまぶしたら、余分な粉を軽く叩いて落とす。

材料（4人分）
- 鶏ササミ肉…………… 4枚
- 塩………………………適量
- コショウ………………適量
- とろけるスライスチーズ… 2枚
- たらこ………… 1/2腹（1本）
- 小麦粉……………… 大さじ2
- オリーブオイル……… 大さじ2

4 フライパンで焼く

フライパンにオリーブオイルを入れて弱火で加熱。③のササミを入れ、片面に焼き色をつけたら裏返してフタをする。両面がコンガリ焼けてチーズがとけたら完成。

焼きウニ

遠い昭和の昔、ウニがとれる地域の子どもたちは殻ごとのウニを焚き火に放り込んで焼き、おやつにしていたらしい。そんな贅沢な料理を炭火とアルミホイルを使って再現してみた。

調理時間 10分

① 殻の代わりはアルミホイル

ウニの殻の代役として、アルミホイルで船を作ってウニをのせたが、殻が手に入ればひとつの殻にウニを詰めて、焚き火で直に焼く。

材料(1人分)
- ウニ……………適量
- しょう油…………適量
- ※好みでわさびも用意。

② 炭火で軽く焼くのがコツ

ウニがのったアルミホイル船を、中火の焼きアミにのせて焼く。軽く焼けたら上面もトーチバーナーで炙ろう。仕上げにしょう油をひとタレ。つまみなら、わさびも必須だろう。

中火

おいしさのコツ
鮮度が少し下がった特売品のウニでも絶品に復活する!

合わせるならこんな酒　やはり燗酒が一番だろう。ウニの甘みを消さない程度の辛口日本酒が最高だ。焼きウニの箸休めに、上等の塩を少々用意できたら申し分ない。

つまみ・酒の肴

ベジタブルヤッコ

バーベキューで残った照り焼きソースを使って豆腐を食べよう！野菜をたっぷり使うヘルシー料理だが、加熱の必要はない。超簡単なスピード料理は、アウトドア宴会の前菜にも最適。

調理時間 5分

おいしさのコツ
豆腐の水は、少し斜めにしたマナ板に置けば簡単に切れる。また、旨味成分が豊富なトマトは欠かせないが、ほかの野菜は残り物で充分。

材料(4人分)
- トマト………… 1/2個
- キュウリ………… 1/2本
- セロリ………… 1/3本
- 豆腐……………… 1丁
- バジル(フレッシュ)
  ………… 少々

<照り焼きソースの材料>
- みりん …… 大さじ2
- しょう油 … 大さじ2
- 昆布茶の素
   …… 茶さじ1/3

① 刻んでかけたら完成だ

❶ 野菜はすべて5mm角くらいに切る。豆腐は水切りしてスプーンを使ってへこみを作ろう(写真参照)。

❷ <照り焼きソースの材料>をすべてまぜ合わせたら、切った野菜を豆腐にのせ、照り焼きソースをかける。最後に刻みバジルを散らして完成。

合わせるならこんな酒　この料理はサマーキャンプを中心にした夏季が最適なので、キンキンに冷えたビールが最高だ。材料のキュウリには体を冷やす効力があることを覚えておこう。

小麦色のソーセージ

おいしさのコツ
燻煙したら1日風にさらすか、冷蔵庫で熟成させると一段と旨味が増す

材料（4〜5人分）
- 魚肉ソーセージ……5本
- 粗びきコショウ……適量

魚脂と燻煙の絶妙なバランスがとてもおいしい、魚肉ソーセージの燻し焼き。粗びきコショウをタップリかけるとパンチが効いて、ビールやウイスキーのつまみになる。

① コショウを振る
魚肉ソーセージをタテ2つに切ったら、両面にタップリ粗びきコショウを振ろう。

② 中華鍋で簡単燻煙する
中華鍋にアルミホイルを敷いて燻煙材をのせる。さらに丸網を置いたら、魚肉ソーセージを少し間隔をあけて並べる。フタかアルミホイルで覆ったら、中火で10分間燻煙し、食べやすく切り分けて完成。

調理時間 15分
漬け込み	なし
塩抜き	なし
乾燥	なし
燻煙	10分

燻製道具
スモーカー：中華鍋、ダッチオーブン、小型スモーカー、ダンボール

燻煙材
スモークチップ1/3カップ、ザラメ大さじ1

おすすめのチップ
サクラ、ナラ、クルミなど

ワンポイント 燻煙材にコーヒーの粉（出ガラシを乾燥させたモノで可）を大さじ1加えると、香りと色づきがよくなる。

燻製の基礎知識はP238〜を参照。

つまみ・酒の肴

チーカマのふんわりくん

① 中華鍋の燻煙で完了

弱めの中火

❶ 中華鍋にアルミホイルを敷いて燻煙材をのせたら、その上に丸網をセット。
❷ そこへチーズ入りかまぼこを並べて、フタかアルミホイルで覆い、中火より少し弱い火で10分ほど燻煙して完成。

材料（4～5人分）
・チーズ入りかまぼこ…9本

調理時間 10分
漬け込み	なし
塩抜き	なし
乾燥	なし
燻煙	10分

燻製道具
スモーカー：中華鍋／ダッチオーブン／小型スモーカー／ダンボール

燻煙材
スモークチップ1/3カップ、ザラメ大さじ1

おすすめのチップ
サクラ、ブナ、クルミなど

おいしさのコツ
燻煙後、一晩熟成させると煙くささが抜けて旨味が残る

チーカマのふんわりくん＆ケムケムコーン

そのまま食べてもおいしく、酒のつまみにもなる「チーズ入りかまぼこ」と「ポップコーン」を、短時間燻して渋い大人専用のおつまみに変身させよう。

10章

② 数分の燻煙で完了する

①の中華鍋に丸網を置いたら、ポップコーンを並べてフタかアルミホイルで覆う。中火よりやや弱めで3～5分燻煙すればできあがり。少し風にさらしてから塩を振って完成だ。

弱めの中火

① 中華鍋に燻煙の準備

中華鍋にアルミホイルを敷いて、ザラメとコーヒー粉（挽いた豆または出ガラシを乾燥させたモノで可）をのせる。

ケムケムコーン

調理時間 5分
漬け込み	なし
塩抜き	なし
乾燥	なし
燻煙	5分

燻製道具
スモーカー：中華鍋／ダッチオーブン／小型スモーカー／ダンボール

燻煙材
コーヒー大さじ1、ザラメ大さじ1

おすすめ燻煙材
使わない

おいしさのコツ
完成直後は湿気があるので、乾燥するまで風にさらそう

材料（4人分）
・ポップコーン…1袋
・塩…適量

燻製の基礎知識はP238～を参照。

甘納豆の燻製

さくら風味がほんのり薫（かお）る、上質なスイーツのような贅沢感が楽しめる燻製。酒との相性がよく、高級チョコレートをつまみに飲む感覚が手軽に楽しめる。アウトドアなら小型スモーカー、キッチンでは中華鍋で作ろう。

おいしさのコツ
最低でも冷めるまで、可能なら一晩ほど風にさらして熟成させ、豆が締まってから食べると旨い

1 燻煙材と甘納豆を置く

❶ 左側写真のように、スモーカーの網目から落ちない大きさの甘納豆を購入する。
❷ 小型スモーカー底部に燻煙材を置き、中段のアミにすき間をあけて甘納豆をのせる。

2 バーナーにのせて燻煙

小型スモーカーにフタをしたら燻煙開始。中火で7分ほど燻煙して色が濃くなれば燻煙完了。1時間以上熟成させて食べよう。

中火

材料（4人分）
- 大粒の甘納豆……適量

※作りやすい分量で。

調理時間 10分
漬け込み	なし
塩抜き	なし
乾燥	なし
燻煙	7分

燻製道具
スモーカー: 中華鍋／ダッチオーブン／小型スモーカー／ダンボール

燻煙材
スモークチップ1/3カップ、ザラメ大さじ1

おすすめ燻煙材
サクラ

ワンポイント 甘納豆は色白のモノが、色づき加減や変化がわかりやすいのでおススメ。

燻製の基礎知識はP238〜を参照。

つまみ・酒の肴

風味豊かな ピスタチオの燻製

殻をむいて食べるピスタチオは、強く燻煙しても大丈夫な反面、なかなか煙が浸透しない。燻煙時間を10分程度に延長すれば、甘納豆と同じ燻煙方法でピスタチオの燻製もできる。ウイスキーなどのつまみに最適な味わいだ。

燻煙材はサクラより香りが強い、ヒッコリーとコーヒー粉を使うと効果的。

合わせるなら こんな 酒 ▶ 相性がよいと思うのはウイスキーやバーボンだが、透明なスピリッツにも悪くないつまみになる。

深い味わい・アーモンドくん ＆ 薫るピーナッツ

シンプルな燻製だが格段に深みのある味になるので、ビールに限らずウイスキーやスピリッツなど、強い酒のつまみにも最適な一品になる。燻煙時間が長いので熟成は必須だ。

アーモンドくん

調理時間 4時間
- 漬け込み：なし
- 塩抜き：なし
- 乾燥：なし
- 燻煙：4時間

1 ザルや蒸し器で燻煙

小型スモーカーの底部にスモークウッドを置き、ウッドの上にザラメをのせる。アーモンドはスモーカー付属のアミではこぼれ落ちるので、ザルなどに入れて中段にセット。スモークウッドに点火し、フタを閉じて4時間燻煙すれば完了だ。

材料（4人分）
- アーモンド……適量

燻製道具
スモーカー：中華鍋、ダッチオーブン、小型スモーカー、ダンボール

燻煙材
スモークウッド1本（4時間の量）、ザラメ大さじ1

おすすめ燻煙材
サクラ、クルミなど

おいしさのコツ
両方ともできたては燻くさい。必ず一晩以上風にさらし、熟成させて食べよう

ピーナッツ

材料（4人分）
- ピーナッツ……適量

調理時間 4時間
- 漬け込み：なし
- 塩抜き：なし
- 乾燥：なし
- 燻煙：4時間

燻製道具
スモーカー：中華鍋、ダッチオーブン、小型スモーカー、ダンボール

燻煙材
スモークウッド1本（4時間の量）、ザラメ大さじ1

おすすめ燻煙材
サクラ、クルミなど

1 蒸し器やザルに入れて燻煙

小型スモーカーの底部にスモークウッドを置き、ザラメをのせる。ピーナッツはアミではこぼれ落ちるので、ザルや蒸し器に入れて中段にセットする。スモークウッドに点火後、フタを閉じて4時間ほど燻煙すれば完成。

ワンポイント 熟成は風にさらすのが一番効果的だが、冷蔵庫保管でも熟成可能。また、燻煙材にコーヒー粉を追加すると、色づきがよくなる。

燻製の基礎知識はP238～を参照。

つまみ・酒の肴

いも餅のみぞれあえ

北海道の郷土料理いも餅に、ハムやエビを炒めた大根おろしを絡めた。酒のつまみはもちろん、栄養バランスも優秀なので〆の一品やおやつ、軽食にも最適！

① いも餅の準備をする

❶ ジャガイモの皮をむき、適当に切り分けて水からゆでる。沸騰して20分後、串がスッと通れば下ゆで完了。この間にダイコンをすりおろす。

❷ 下ゆでが完了したジャガイモに、体積で（見た目）同量の片栗粉を加え、細かくつぶしながら全体をまぜる。

② まとめてから切る

ジャガイモをかまぼこ状にまとめたら、1cmほどの厚さに切り分けておく。

調理時間 30分

③ みぞれおろしの準備

②の両面を弱火でコンガリ網焼きにする。この間に鉄板を加熱してゴマ油を入れ、刻んだハムと白ネギ、干しエビと大根おろしを炒める。

いも餅 弱火　　みぞれおろし 強火

④ 絡めて熱々を食べる

炒めた鉄板に砂糖、塩、しょう油を加えて味をととのえ、焼けたいも餅をサッと絡めて食べよう。

材料（4人分）

ジャガイモ（小）	4個
ダイコン	1/3本
片栗粉	ジャガイモと同量
ゴマ油	適量
ハム	30g
白ネギ	1本
干しエビ	10g
砂糖	小さじ1
塩	小さじ1/2
しょう油	大さじ2

※白ネギは万能ネギ2〜3本で代用可。

おいしさのコツ

イモと片栗粉の割合は1対1が基本。片栗粉を増やすと柔らかくなり、減らすとイモの味が強くなる

ワンポイント　余ったいも餅は冷蔵庫で数日保存可能。

[話す・作る・食べる]

火を囲んで

Welcome to Fire Cafe

焚き火カフェへようこそ

ゆらゆら燃える炎を見ながら食べ、パチパチと爆ぜる薪音(たきび)を聞きながら飲む。いつまでも終わらない焚き火を弄(いじ)りながらの会話。ココにはゆっくり流れる時間がある。

アウトドア流 おいしいコーヒーの淹(い)れ方

アウトドアコーヒーの定番・パーコレータースタイルと、手軽に淹れられるドリップ式のふた通りの方法を紹介する。どちらの方式でも淹れたてを味わいたい。

パーコレーターで淹れる

※粉の挽き方は「粗挽き」が最適。ドリップなどに適した「中挽き」では、コーヒーに粉が入り込んでしまうほか、余計な成分が出て風味を損なう。また、人数分より少し多めに粉を使うのも、おいしく淹れるコツ。

用意するもの
- パーコレーター
- コーヒー（挽いた粉）
  ……1人分約10g

パーコレーターのしくみ

パーコレーターとは、循環式でコーヒーを抽出する器具。沸騰したお湯がストレーナー（本体の中に入れる濾過器）の底の穴からパイプを通って上昇し、コーヒー粉の入ったバスケットに落ちてコーヒーを抽出する。抽出されたコーヒーは、お湯と一緒にパイプを上昇して、再びコーヒーを抽出する。このように循環のしくみで抽出するのが特徴。

ストレーナー（濾過器）
バスケット（ここへ粉を入れる）
このパイプを通ってコーヒーが循環する
パーコレーター本体

本体でお湯を沸かしたら、挽いた粉をバスケットに入れてストレーナーをセットする。

308

ストレーナーの フタをセット

バスケットにストレーナーのフタの部分をかぶせる。

②

① ストレーナーのバスケット部分にコーヒーの粉を入れる

お湯を沸騰させたらセット

❶はじめに、パーコレーター本体に人数分の水を入れて沸騰させる。
❷沸騰後、火からおろし、コーヒーの粉を入れたストレーナーを本体に入れる。

濃度は色で判断する

フタのツマミ（透明な部分）からコーヒーのできあがりが確認できる。水滴が上がり、色が濃くなってきたらできあがり。目安は4分程度。あまり長く火にかけていると、煮詰まって味が落ちるので注意。

④

③

弱火にかけて再加熱する

パーコレーターを弱火にかけて熱する。ここから抽出のスタート。

用意するもの
- ポット
- ドリッパー
- ペーパーフィルター
- サーバー
- コーヒー（挽いた粉）
  ……1人分8〜10g

ドリッパーで淹れる

①

90℃前後が適温

❶はじめに、ドリッパーにペーパーフィルターをセット。そこへコーヒーの粉を、表面が平らになるように入れる。
❷ポットのお湯は沸騰後、火からおろし、30秒〜1分ほど待って90℃ほどにする。

③

②

お湯で円を描く

❸の最初の1分がすぎたら、500円硬貨程度の円を描くように、粉の中心にお湯を注いでいく。軽い味わいにしたいならどんどん注ぎ、重めが好みならゆっくり注ぐ。

お湯をたらして待つ

最初はお湯を「少したらす」くらいのつもりで粉の中心に注ぐ。粉のひと粒ずつにお湯を浸透させるイメージで。

1分間が勝負だ

お湯を2〜3回注いでも、下のサーバーにはコーヒーがまだ抽出されていない。最初の1分間はこのような状態が理想的。

309

アボカドとバジル・エッグのホットサンド

便利なホットサンドメーカーを活用しよう！このソースをパスタのゆで汁で少しゆるめれば、スパゲティソースとしても応用できる。パンなら手軽な朝食、スパゲティならゆったりした夕飯にも応用が効く便利なソースを調理する。

調理時間 15分

材料(2人分)
- バジルの葉……………8枚
- オリーブオイル………大さじ3/4
- おろしニンニク……1片分
- アボカド(完熟)………1個
- 塩………………………適量
- コショウ………………適量
- ゆで卵…………………1個
- パルメザンチーズ(粉で可)………大さじ1
- 食パン(8枚切り)……4枚

おいしさのポイント
材料にするバジルは、必ずフレッシュな葉を使おう。乾燥バジルだとまったく違った風味になる

ワンポイント アルミ製のホットサンドメーカーは、想像よりも早く焼けるのでコゲに注意！

Welcome to Fire Cafe 焚き火カフェへようこそ

1 バジルを刻んでまぜる

❶ フレッシュバジルを包丁で細かく刻む。とにかく細かく刻むことが大切だ。

❷ 刻んだバジルを適当な器に入れたら、オリーブオイルとおろしニンニクを加えてまぜる。

2 アボカドも入れよう

❶ に完熟アボカドの中身をスプーンなどで取り出して加え、塩とコショウで薄く味をととのえる。

4 パルメザンチーズ投入

さらにパルメザンチーズ（粉チーズ可）をおろして加え、完全にまぜ合わせて鮮やかなグリーンソースを作る。

3 ゆで卵も割り入れる

かたゆで卵も加えてまぜ合わせる。とにかく全体がなじむようにまぜるだけだ。

5 パンとホットサンドにする

食パンにバジルソースを適量塗って2枚合わせたら、ホットサンドメーカーに入れる。強火で両面をコンガリ焼けばできあがり！ 切り分けて食べよう。

強火

311

バナナとクリームチーズのホットサンド

意外に思うかもしれないが、バナナとチーズの組み合わせはとても相性がよい。今回は携帯に便利なハチミツを材料にしたが、メイプルシロップに代えても風味豊かに焼きあがる。バナナは少し固めのモノが最適だ。

材料(2人分)
- 食パン(8枚切り) ……… 4枚
- クリームチーズ ……… 60g
- バター ……………… 20g
- バナナ ……………… 1本
- ハチミツ …………… 適量

調理時間 10分

❷ バターとチーズを塗る
食パン1枚につきバター5gとクリームチーズ15gを塗っておく。早めにクーラーから取り出し、常温に戻しておくと塗りやすいだろう。

スライスバナナとハチミツ
❶のパン2枚に、食べやすくスライスしたバナナを1/2本分ずつのせて、ハチミツを適量かける。ハチミツをタップリ塗るとおやつ、控えると朝食向きの味になる。

Welcome to Fire Cafe 焚き火カフェへようこそ

おいしさのポイント
ホットサンドメーカーは、プレヒートしておくと素早く焼ける。朝食としてもオススメ

強火で両面を焼く

強火でホットサンドメーカーの両面を焼く。プレヒートしてあれば片面2〜3分で焼けるので、手早く裏返して両面をコンガリ焼こう。パンの両面がキツネ色に焼けたら完成だ。

パン2枚でバナナをはさむ

❷のバナナをのせたパンに、❶のチーズを塗ったパンを重ねる。コレをあらかじめ温めておいた（プレヒートした）、ホットサンドメーカーに入れる。

アンチョビと香るポテトのブルスケッタ

ブルスケッタはイタリア中部の前菜的郷土料理。ローマ周辺の方言で「ブルスカーレ」=「炭火で炙る」が名前の由来なので、焚き火カフェにも最適な軽食だろう。

パンを焼きニンニクを塗る
❶ アンチョビとバジルを細かく刻む。
❷ パンの両面を炭火でコンガリ焼いてニンニクをこすりつけておく。

ポテトを塩ゆでにする
皮をむき、細切りにしたジャガイモに塩を振ったら、サッとゆでて取り出しておく。

中火

アンチョビを加熱する
フライパンにオリーブオイルを入れて弱く加熱したら、刻んだアンチョビを入れて軽く炒める。

弱火

フライパンでまぜ合わせる
❷のサッとゆでたジャガイモと、❶の刻んだバジルを❸のフライパンに加えてまぜる。塩とコショウ、レモン汁で味をととのえ、ニンニクを塗ったパンにのせれば完成だ。

おいしさのポイント
パンに塗りつけるニンニクは、先端を少しカットして使うと塗りやすい

調理時間 20分

材料(2人分)
- アンチョビ………… 8g程度
- バジルの葉………………数枚
- フランスパン…… 6切れ以上
- ニンニク………………… 1片
- ジャガイモ……………… 1個
- 塩…………………………適量
- オリーブオイル…… 大さじ1と1/2
- コショウ…………………適量
- レモン汁……………… 1/4個

※ジャガイモはメークインがおススメ。

簡単に作る温泉卵

トロトロした食感の温泉卵は、塩やしょう油で食べるほかに、照り焼きソース（P70参照）で食べても旨い！記載した調理時間はあくまで目安。ぬるいお風呂程度の温度まで冷ますのがコツ。

おいしさのポイント
早く食べたい気持ちを抑えて、お湯が冷めるまでジックリ待つことが肝心！

① 空き容器ひとつに卵1個
カップ麺の空き容器ひとつに1個の卵を入れる。欲張ると失敗するので、複数必要な場合は、必要な数の空容器を用意しよう。

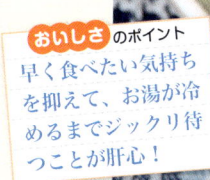

② 熱湯を注ぎ入れる
卵を入れた容器に熱湯を静かに注ぐ。ほぼ容器一杯まで入れる必要がある。

③ お湯が冷めるのを待つ
フタをして（写真は熱いヤカンでフタを再接着中）、お湯が冷めるまでおけば完成。

調理時間 30分〜

材料（1人分）
- カップラーメンの空容器 … 1個
- 卵 …………………………… 1個
- お湯 ………………… 200mℓ

ワンポイント 子どもがいる場合は、熱湯の入った容器に触れないよう要注意！

Welcome to Fire Cafe 焚き火カフェへようこそ

しらすの焼きおにぎり

材料(2人分)
- 釜あげしらす… 大さじ3
- 青ジソ ……………… 2枚
- しょう油 …… 大さじ1/2
- ご飯 ……………… 2膳分

調理時間 **30分**

キャンプ宴会〆(しめ)の定番、焼きおにぎりに変化をつけた。炒めたしらすと青ジソをご飯にかければ、それだけで香ばしい「しらすご飯」にもなる。炭火か焚き火の用意ができていて、いつもの焼きおにぎりにあきたらゼヒ作ってみよう!

ワンポイント ▶ しらすの分量は、材料表より多くても大丈夫。

Welcome to Fire Cafe — 焚き火カフェへようこそ

① しらすを乾煎(から い)りする
フライパンで油を使わずに、しらすの水気を飛ばすように炒める。

② 刻んだ青ジソを加える
①のフライパンに刻んだ青ジソを加えたら、全体がまざるように炒め続ける（1分以内）。

中火

③ しょう油も加える
今度はしょう油を加えてまぜたら、火からおろす。しょう油をまぜると下の写真のような色になる。

おいしさのポイント
油を使わずに、しらすを香ばしく乾煎りするのがコツ。テフロン加工のフライパンが便利だ

④ ご飯にまぜる
③をご飯にかけたら、全体をまぜ合わせておく。ご飯を切るようにまぜるとよい。

固めのおにぎりを焼く
固いおにぎりを作り、炭火か焚き火のおき火で網焼きにする。両面をコンガリと香ばしく焼いたら完成だ。

⑤

あとがき

アウトドア料理の初心者が気軽に挑戦できる簡単料理から、経験豊富なベテランキャンパーが求める本格レシピの数々を1冊に詰め込みました。最新の調理テクニックを取り入れた時短調理でも、旨くて楽しいクッキングタイムになるようにレシピも進化させています。旨いアウトドア料理に出会えば自然に笑みがこぼれますが、プロセスと環境を工夫するアウトドア調理で得られる達成感は、社会生活で疲れた脳を癒す特効薬でもあるのです。たとえ失敗したって問題ナシ！ 失敗料理の思い出は生涯忘れない記憶になることでしょう。この本が笑顔満載のアウトドアシーンで貴方の手助けになれたら幸いです。

ピース！

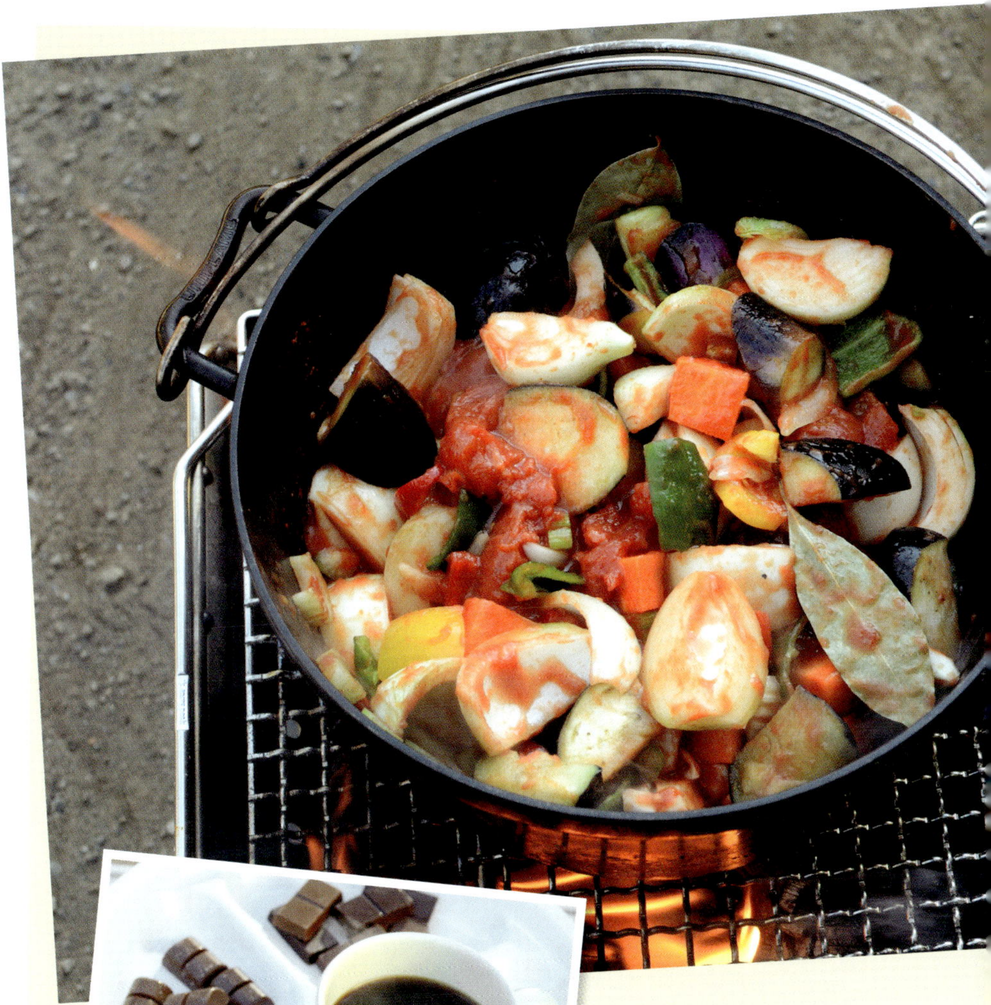

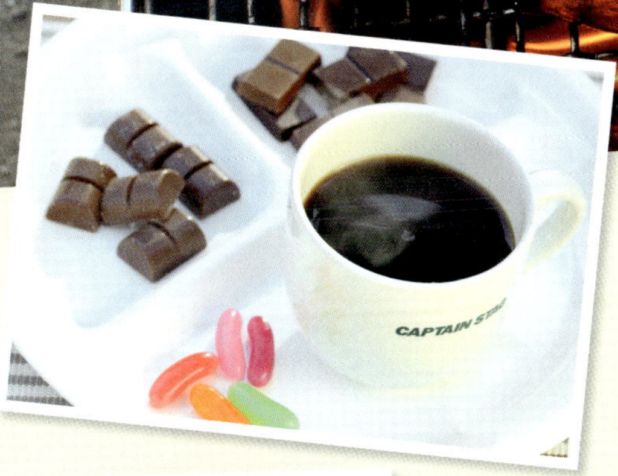
CAPTAIN STA

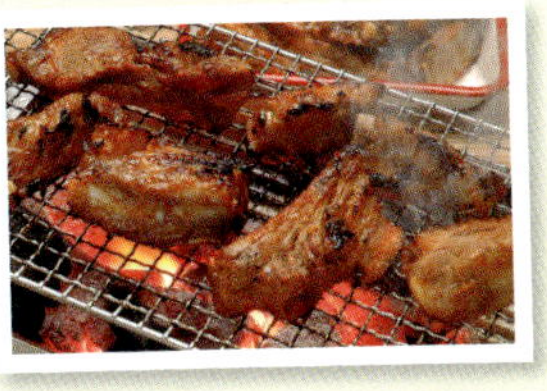

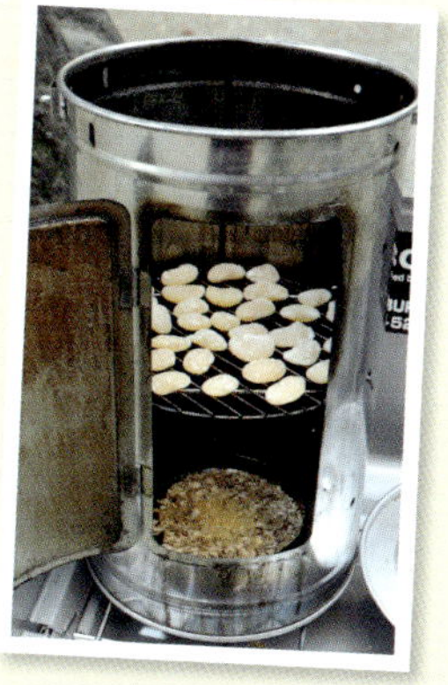

- ●著・撮影　　太田 潤
- ●編集協力　　児玉編集事務所
- ●デザイン・AD　白井有希子
- ●撮影協力Staff　河原信幸　糸井康友　嘉屋恭子　伊藤望　村上えり香　湯本芳伯

- ●撮影協力メーカー　キャプテンスタッグ ◎http://www.captainstag.net/
  （五十音順）　コールマン ジャパン株式会社 ◎http://www.coleman.co.jp
  　　　　　　新富士バーナー (SOTO) ◎http://www.shinfuji.co.jp/soto/
  　　　　　　ハイマウント ◎http://highmount.jp
  　　　　　　ユニフレーム ◎http://www.uniflame.co.jp/
  　　　　　　ロゴスコーポレーション ◎http://www.logos.ne.jp/

- ●撮影協力　川崎市黒川青少年野外活動センター
  ＮＰＯ法人国際自然大学校が管理・運営。旧柿生小学校黒川分校の跡地を利用し、都市近郊とは思えない豊かな自然の中で、子どもたちに自然体験や宿泊体験を提供している。一般の趣味サークルや地域活動にも利用されている。

  住所：神奈川県川崎市麻生区黒川313-9
  ＨＰ：http://www.kurokawa-yagai.com
  Special Thanks：野口（ロバ）、塚原（サティ）、岩井（ちぃ）、高柳（ぽて）、
  　　　　　　　片岡（さゆ）、熊田（かつら）　以上、センターのみなさん（敬称略）

---

012 OUTDOOR
アウトドアクッキング 220メニュー

2014年4月20日　初版発行
- ●著　者　太田 潤
- ●発行者　佐藤龍夫
- ●発　行　株式会社 大泉書店
  　住　所　〒162-0805 東京都新宿区矢来町27
  　電　話　03-3260-4001（代）　FAX 03-3260-4074
  　振　替　00140-7-1742
- ●印刷・製本　凸版印刷株式会社

©Jun Ota 2014 Printed in Japan
URL　http://www.oizumishoten.co.jp/
ISBN 978-4-278-04728-8　C0075

落丁、乱丁本は小社にてお取替えいたします。
本書の内容についてのご質問は、ハガキまたはFAXにてお願いいたします。

本書を無断で複写（コピー・スキャン・デジタル化等）することは、著作権法上認められた場合を除き、禁じられています。小社は、著者から複写に係わる権利の管理につき委託を受けていますので、複写をされる場合は、必ず小社にご連絡ください。